北米移民メキシコ人のコミュニティ形成

吉野 孝・山﨑 眞次 編著

東信堂

プロローグ

　移民だけでなく日常的移動も含めると，膨大な数の人々が米国とメキシコの国境を越えて移動している。両国間の人々の移動は多くの者により取り上げられてきたものの，現状報告や問題点の指摘が多く，全体像が明らかにされることはなかった。これまでの移民研究においては，合理的選択理論と労働市場理論によりなぜ移民が発生するのかが説明された。また，移民システム論では移民送り出し国から移民受け入れ国への恒常的な移民の流れが両国の歴史関係から説明され，移民の流れに国家政策が大きな影響を及ぼすことが指摘された。さらに，これまで1国の人口に占める移民の比率は小さかったため，移民の社会経済への効果の研究は，財政負担や治安悪化に限定される傾向にあった。その結果，これら従来の移民に関する理論や学説は，米国・メキシコ両国間の人々の移動の構造や特質を十分に説明することはなかった。

　1990年代以降，事態は大きく変化した。経済のグローバリゼーションの中でメキシコから米国への移民数は増大し，米国側のカリフォルニア州，アリゾナ州，ニューメキシコ州，テキサス州にまたがる国境地帯にMexAmerica ── メックスアメリカと発音する ── と称される移民コミュニティが成立した。そこには約2,500万人が居住するという点で，巨大なコミュニティである。同コミュニティは，第1に，「タコスを食べ『スパングリッシュ』を話しラテン音楽を聴く」という歴史的に

形成された独特の生活様式を持ち，これは同化（assimilation）や多文化主義（multiculturalism）の理論では十分に説明することができないものであった。第2に，同コミュニティは，メキシコから米国への移民，米国からメキシコへの工場移転という双方向の流れが合流する地域と特徴づけられた。第3に，同コミュニティの米国側4州では大統領選挙の結果を左右するほどにメキシコ系移民の比率は高く，第4に，グアテマラからパナマに至る中米諸国から多数の移民がメキシコに流入し，さらにそこから少なからぬ数の移民がMexAmericaに流入していることが推測された。これまで米国の都市を単位とするメキシコ移民の研究は行われてきてはいるものの，MexAmericaと称される移民コミュニティ全体の成立過程と構造はほとんど研究されてこなかったのである。

　1990年代以降，移民理論も見直された。同化，多文化主義に代わる第3の理論として，移民が居住国だけではなく出身国にもアイデンティティを持ち続けるトランスナショナリズム（transnationalism）の概念が提示された。しかし，同概念は曖昧さから批判され，米国の都市に居住する中南米諸国からの移民の研究から，出身国にもアイデンティティを持ち，両国で政治活動を行う移民は多くないことが明らかにされた（Guarnizo, Portes, and Haller 2003）。現在では，同化，多文化主義，トランスナショナリズムを並存可能な統合様式（integration mode）とする見方が増えている（Modood 2012）。また，白人都市で低い評価が下されるためメキシコ系移民の第2世代には「下降同化」する傾向があるという命題が提示されているものの，この命題はMexAmericaでは必ずしも妥当しない。長い国境を接するという地理的条件，歴史的経緯，北米大陸におけるヒト・モノ・カネの一大合流地域という特徴を考えると，MexAmericaは，多様な出身国の者がアメリカ，ラテン，先住民の融合文化の中で生活する新しい「共生コミュニティ」を形成している可能性がある。

　本書の目的は，MexAmerica という移民コミュニティの形成・発展の要因，移民統合の様式を解明し，中米諸国からメキシコ，米国，そしてMexAmerica への移民の流れを分析し，北米大陸に形成されつつある新しい移民の「共生コミュニティ」の構造と特質を解明することにある。そして，米国の政治・経済・社会の動態とその苦しみを理解するためには，長期にわたるヒト（移民・労働者）の移動によって切り離すことができなくなっている米墨関係の重要性を再認識する必要があることを強調したい。

　第 1 章「MexAmerica, 構築の歴史とトランスナショナルな移民コミュニティ」では，19 世紀初頭から 21 世紀初頭までの約 200 年間にわたる，米国人とメキシコ人の関係 ── 敵対，抵抗，排除，包摂，融合 ── がどのようなものであったのかが概観される。まず，メキシコはスペインからの独立を達成後，西進する米国の進出に対応せざるをえなくなり，漸次，経済的，政治的，文化的に凌駕されたことが明らかにされる。米墨戦争後，メキシコ人には米国に対する憎悪と憧憬というアンビバレントな国民感情が生まれたものの，米国南西部の米国人とメキシコ人の間には交易，婚姻，対アパッチ共同対策を介して，融合的 2 民族関係が生まれたことが明らかにされる。そして，19 世紀末以降，大規模なメキシコ人の米国南西部・中西部への流入が行われ，多数のリトルメキシコが誕生したものの，アングロサクソン系米国人の人種差別や憎悪に直面し，メキシコ系米国人は同郷者協会を設立して，移民同士が相互に助け合い，自身のアイデンティティを確認・強化したことが明らかにされる。

　第 2 章「トランプ政権までの米国の対メキシコ移民政策の歴史と特徴」では，まずメキシコがこれまで米国にとって労働力の供給源であり，第二次世界大戦中から 1960 年代中頃にかけてブラセロ計画という短期の労働者受け入れ政策があったこと，計画終了後も労働者が非合法移民と

して残るケースがあったことが明かにされる。次に，米国市民の親族の優先的受け入れを規定した1965年移民法の制定により，メキシコからの合法移民が増加し，また1994年の北米自由貿易協定（NAFTA）の締結により，一時的にメキシコから米国に流入する労働者が増加したことが明らかにされる。さらに，米国政治が分極化し移民問題が争点化する中で，2013年に不法移民に合法的地位を付与すると同時に国境管理を強化する超党派移民法案が上院で可決されたものの，下院では同様の動きはなかったことが明らかにされる。最後に，移民問題を「怒れる白人」の視点から解決しようとしたのがトランプ政権であり，そのもとで米墨国境の壁の建設と不法移民の取り締まりの強化が求められ，DACA（幼児不法入国者送還猶予措置）が大統領令によって撤廃されたことが明らかにされる。

第3章「メキシコの新しい対米移民政策：想像の共同体構想」では，まず，メキシコは建国後の国家建設に人口増と技術導入が不可欠と認識し，外国人（ヨーロッパ人）の受け入れを推奨したものの，アングロサクソン系米国人には不信感を持っていたこと，米墨戦争後は，米国人の進出に警戒しヨーロッパ人を優先する姿勢をとったことが明らかにされる。次に，メキシコはその後150年間にわたり，米墨2国間関係の緊張を回避するため慎重な外交姿勢に終始し，領事館を介して在米自国民を保護しながら，在米メキシコ人コミュニティとの関係を維持したことが明らかにされる。そして，1990年代に入ると，メキシコの対米外交は「物言わぬ外交」から「対話外交に基づく積極的外交」へ変化し，在米メキシコ領事館による在米移民コミュニティの提携強化が図られ，メキシコ議会は海外投票制度や二重国籍法承認等，在米メキシコ人との連帯を深化させている。

第4章「世界産業連関表（WIOD）を用いた米墨相互依存関係の分析」

では，まず「想像の共同体構想」の現状が分析され，2004 年から 2014 年にかけて米墨間では強固な経済的相互依存関係が構築されていることが明らかにされる。次に，多国籍企業のメキシコ進出の効果が分析されることにより，メキシコの鉱業の生産性向上は米国の基礎素材産業や輸送産業の製品・サービスの価格低下に影響するものの，米国の自動車産業の生産性向上がメキシコの国内産業に与える価格影響と比較すると，その効果は比較的小さいことが明らかにされる。さらに，ポストコロナ経済におけるサプライチェーンのレジリエンス強化の効果が分析される。新型コロナウイルスの流行に直面しレジリエンスを強化する目的で，サプライチェーンの見直しが進むものの，米中間の交易が減少すると，米国の最終需要が中国に及ぼす負の影響より、中国の最終需要が米国に及ぼす負の影響の方が大きくなる，ことが予測される。

　第 5 章「越境的な移民ネットワークと政治参加：在外投票権の拡大をめぐる政治過程」では，まず，在米メキシコ人が家族・出身地コミュニティ，連邦・地方政府，メキシコ外務省などの越境的ネットワークを構築し，それをつうじて政治参加の要求を高めてきたことが明らかにされる。次に，1990 年代に入って野党が勢力を拡大し，2000 年の政権交代後，選挙制度改革を通じて在外投票権が確立されたものの，投票率が低かったこと，2014 年に実施された選挙制度改革において，在外投票手続きの大幅簡素化により在外投票への参加が促進される契機になったことが説明される。さらに，2021 年選挙でインターネット投票の導入により「代表を選ぶ権利」が拡充され，また，移民議席制度の導入により「選ばれる権利」が確立されたことが強調される。そして，移民代表が議席を持つ連邦下院議員選挙に移民が投票できないこと，メキシコの選挙法では政党は国外で選挙運動を行うことができないなど多くの課題があるものの，移民議員は超党派で移民アイデンティティにおいて結束し，メキシ

x00

viii

コにより包摂的な民主主義を築く可能性があると指摘する。

　第6章「米墨国境を目指す人々：メキシコ，中米，ダリエンギャップ」では，まず，フィールドワークに基づいて，ある移民が事実とは異なる理由を挙げても再入国が容易に許可され，期限の切れたグリーンカードを更新することができたこと，学士号を取得した後市民権を獲得することができ，観光ビザで入国した妻も就労ビザの申請を始めたこと，また，出身州の先住民組織や同郷者協会が米国に居住する移民の生活を助けさまざまな支援をしていることなどが明らかにされる。次に，多くの報道資料に基づいて，移民キャラバンの原型は，2011年1月に移民を支援するNGOによって企画された抗議活動であったこと，2018年の注目を集めた移民キャラバンのきっかけをつくったのがホンジュラスのジャーナリスト・野党政治家であり，その噂を聞いた者たちが様々な理由や動機からそのキャラバンに加わったことなどが明らかにされる。

　第7章「米国における移民とは何か：ヒスパニック移民への対応を中心に」では，まず，外国人も入国したら「米国人」という時代が長く続き，とくに隣国メキシコから「米国」への移民が増大しつつあることが明らかにされる。次に，米国人のメキシコからの移民に対する態度がアンビバレントであり，他の理由による雇用流出も「メキシコのせい」にされる傾向が強く，その声を政策に落とし込んでいるのがトランプ政権であることが論じられる。さらに，政権交代により移民政策のベクトルが大きく変化したものの，バイデン政権は非合法移民の増大とトランプ政権の「遺産」と考えられる司法の保守化の中で難しい政策対を迫られていることが明らかにされる。最後に，米国経済は移民なしに成り立たないこと、その結果，民主党であれ共和党であれ米国政権にとっては，移民を受け入れる一方で，非合法移民をどのように規制するかが今後の重要な課題であることが明らかにされる。

　本研究は日本学術振興会科学研究費助成金・基礎研究B「『想像の共同体』MexAmericaの構築をめぐる米墨の相克」（研究代表者・山﨑眞次, 2017〜2021年）（領域番号17H04512）の成果である。この研究は, 早稲田大学地域・地域間研究機構（ORIS）に所属するメキシコおよび中米研究者とアメリカ（合衆国）研究者の共同研究として行われた。一般にアメリカ合衆国研究者は合衆国を単純に「アメリカ」と呼ぶ傾向があるものの, メキシコや中南米の専門家は「こちらもアメリカ」という意識を持っている。したがって, 本書では, アメリカ合衆国を「米国」と表記することにした。

　また, スペイン語の人名表記は, たとえば2018年に就任したメキシコ大統領アンドレス・マヌエル・ロペス・オブラドールのように, 通常の呼称がファーストネームだけでなくセカンドネームも含んだり, そして姓についても, 父方だけでなく母方の姓を含んだりする場合があるため, 「アンドレス＝マヌエル・ロペス＝オブラドール」のように, 名前と名前および姓と姓を「＝」でつなぐ表記もある。しかし本書では名前と名字を区別せず、単に「・」でつなぐ表記を採用した。

　最後に, この出版企画を引き受け, いろいろ相談にのっていただいた東信堂社長の下田勝司氏に心よりお礼を申し上げたい。また, 科研研究代表者としてMexAmericaと称される移民コミュニティの重要性にわれわれの目を向けさせ, 共編者として多くの原稿の点検と表記や用語の統一でご協力をいただいた山﨑眞次先生にも, この場を借りて心よりお礼を申し上げたい。

　2021年12月　早稲田大学地域・地域間研究機構を代表して　吉野 孝

引用参考文献

Guarnizo, L. E., A. Portes, and W. Haller 2003 "Assimilation and Transnationalism: Determinants of Transnational Political Action Among Contemporary Migrants," American Journal of Sociology, 108 (May).

Modood, T. 2012 "Post-immigration 'Difference' and Integration: the Case of Muslims in Western Europe," A Report Prepared for the British Academy.

北米移民メキシコ人のコミュニティ形成

第1章　MexAmerica, 構築の歴史とトランスナショナルな移民コミュニティ

山﨑　眞次

1. はじめに

MexAmerica（**図1-1**）は想像上の括りである。現実の領域を示したものではない。文化的社会的区分と言えるが，政治的経済的含意もある。最初に MexAmerica という言葉を用いたのは，ジャーナリストのジョエル・ガローである。彼は米国，カナダ，メキシコ（墨と表記の場合あり），カリブ海諸島を主にその文化的経済的特徴から識別して「北米の9国家」を 1981 年に著した。MexAmerica はメキシコ文化を融合する成長率ナンバーワンの地として描かれている。

まず，本章では MexAmerica を「地理的にはおよそ 2,500 万人のメキシコ系移民が居住する米国の南西部 4 州――カリフォルニア，アリゾナ，

図1-1　MexAmerica

在米・在加メキシコ領事館が管理する「同郷者協会登録名簿」（2015）には 2649 の米国とカナダにあるメキシコ系同郷者協会数が登録されている。この資料を基に MexAmerica の地図を作成した。

　ニューメキシコ，テキサス——を指し，主流的アングロサクソン文化の中に独特のメキシコ文化がモザイク状に広がる文化的空間」と定義する。メキシコは19世紀半ばの米墨戦争の大敗で，国土の過半を米国に割譲せざるをえず，米国との軍事的対決は自国の有利には働かないと痛感した。その結果，防衛的反米ナショナリズムと同時に，隣国に対する劣等感，憎悪，憧憬という複雑な国民感情が生成された。MexAmericaは同戦争前後に漸次形成されていき，21世紀にはおよそ2,500万人のメキシコ系移民が居住する特殊な地域となった。このメキシコ系移民社会には2つの特徴がある。1) 陸路越境する非合法移民が多く調査が難しい（Cornelius 1982）。2) ヨーロッパやアジアからの移民と異なり，米国主流社会への同化が進まない。この第2の特徴に関し，Alejandro Portesは著書Latin Jaurney(1985)で，同じヒスパニック系移民でありながら，キューバ系移民がフロリダ州で政治・経済・社会的に成功しているのに対し，なぜメキシコ系移民の多くは米国社会において周縁的存在であるのかというパズルを提示した。そしてその答えとして，Robert Putnamのソーシャル・キャピタル（社会関係資本）論に基づき，資本の欠如と低学歴に加えて，社会的ネットワークが不足しているメキシコ系移民コミュニティの脆弱性を挙げている。

　本章は，上記のPortesの仮説に対し，メキシコ系移民コミュニティのアイデンティティの強固さ，生まれ故郷（ホームランド）とのトランスナショナルな文化的紐帯の強さを非同化性の重要な変数として取り上げ，移民間の強力な絆こそが分離的で独立性の強い同郷者協会[1]形成の主要因であると考察する。米墨両国にまたがる領域の歴史を辿りながら，メキシコ系移民コミュニティは米国主流社会に同化できないのではなく，あえて同化しない傾向があるという仮説を提示する。

2．19 世紀前半の北部辺境地帯

（1）交易

　コロンブスが 1492 年にカリブ海のサンサルバドール島に到達してか
ら，新大陸の植民地化が始まった。16 世紀初頭，スペイン人がカリブ
海島嶼地帯の探索，征服，植民を終え，大陸部に進出した時にこの地を
治めていたのはアステカ王朝であった。この王朝はエルナン・コルテス
によって征服され，その後スペイン王室はヌエバ・エスパーニャと命名
した植民地を統治した。植民地政府は征服直後，主にヌエバ・エスパー
ニャの南部地域の征服植民事業に力点を置いたが，16 世紀後半，サカ
テカス，ソンブレレテ，グアナフアトで豊かな銀鉱脈が発見されると，
北部地域にも目を向け，政府は“銀の道”を建設し，銀鉱山の開発に力
を注いだ。この“銀の道”は主街道，カミノ・レアル（王道）となり，
役人，軍人，宣教師，鉱夫，商人，旅人，荷馬車の通り道となった。カ
ミノ・レアルは交易路としてさらに北に延び，チワワ，エル・パソ・デ
ルノルテ（現在のフアレス市）を経てニューメキシコのサンタフェまで到
達した。1693 年に砦が建設されたサンタフェはメキシコ市から 2,400 キ
ロも離れた最北端の町であった。先住民改宗に勤しむ伝道村には，物資
や食料を供給するために驛馬隊，その後，驛馬 8 頭で引く幌馬車が使用
された。複数の幌馬車から構成されるキャラバンによる運送は王室に
よって支援され，キャラバンは 3 年ごとにメキシコ市とサンタフェの間
を往復した。当初，キャラバンは教会の備品・祭具，僧衣，金物類を伝
道村に供給したり，修道士を派遣するだけのために使用されていたが，
すぐにサンタフェへ入植する人々や砦を守る兵士を運び始めた。そして
キャラバンを運営するブローカーは，スペイン人入植者が希望する商品
を運送するようになった。先住民のプエブロ族はサンタフェに毛皮，獣

脂，食肉，塩を持ち寄り，スペイン人が提供する穀物，果実，家畜，金物と交換した。好戦的アパッチ族やコマンチ族もサンタフェ近郊の集落，タオスとペコスで開かれる市場の魅力には抗することができず，物々交換に参加した。(Dary 2000:25,28)。植民地時代後期，植民地人は家父長的ブルボン王朝の専制政治のもとに生活していた。彼らは憲法を持つことも政治に参加することも許されていなかった。スペイン議会に正式に代表権を所有していなかったし，植民地には議会もなかった。地方政府では地元の住民は冷遇され部外者が重要な公職を占めた。地方役人は怠慢で，北部国境地帯の住民の声はメキシコ市にはほとんど届かなかった。1821年の独立は被支配者にとって新しい政治秩序の到来を意味した。辺境の人々は国事に声を上げ，地方政府が機能し始めた[2]。1824年，メキシコ憲法は全土を20の州と4つの準州から構成される行政単位に分割した。メキシコ北部辺境地帯はアルタ・カリフォルニア準州，バハ・カリフォルニア準州，ソノラ・シナロア州，ニューメキシコ準州，チワワ州，コアウイラ・テキサス州の6つの行政単位から構成された。

　米国の西進交易・開拓ルートはセント・ルイスが拠点であった。この中部地区の中心都市から西へインデペンデンス，ダッジシティ，トリニダーを経てサンタフェまで交易ルートが確立された。1824年，90名のミズリーの商人は6.5万ドルの商品をサンタフェに持ち込んだ。町はアメリカ商品で溢れかえり，流通する貨幣がなくなる事態を引き起こした。ミズリー商人の進出のインパクトはニューメキシコに経済革命を引き起こした。ミズリーの商品はチワワのものより品質が良く，廉価であったためにチワワ商人の独占は崩れた。ミズリーからの輸入品への関税徴収によって，織物・繊維への従価税は25セントアップし，ニューメキシコの財政は潤沢になった。1839年頃，ワゴンを保有したニューメキシの富裕な商人たちは，メキシコ市場用に米国で商品を卸で購入し，封建

貴族なみの大商人となるものが現れた（Moorhead 1995:62-67）[3]。

（2）移民

　一方，北東部辺境地帯（テキサス）にも米国人が西進しつつあった。18世紀末の米国の人口は400万人であったが，1810年には750万人，1830年には1,300万人と増加の一途をたどり，1845年にはついに2,000万人に達した（Vázquez 1994:49）。この爆発的人口増はヨーロッパからの多くの移民が押し寄せたことに起因し，労働力は過剰なほどになった。その余剰労働力は新天地を求めて西に向かった。交通・運輸網の拡充は東部の工業製品を西部へ，西部の農畜産物を東部へ輸送することを容易にした。一方，英国を顧客とする南部の綿花プランターは自由主義貿易の立場から関税の引き上げには反対であったが，綿花作付面積拡大のための土地を必要としており，やはり西へ向かった。こうして米国人は西進し，1840年代にはミシシッピ河を越えた。この大河を渡るとメキシコ領テキサスは目前である。植民地末期のテキサスには，集落といえば修道会が建設した伝道村のサンアントニオ，ラバイア，ナコドーチスなど数村しかなかった。各集落には形ばかりの砦が建設されていたが，わずかな守備兵は慢性的な給料の遅配と度重なる守備隊長の交代に悩まされながら，頻発するアパッチ族とコマンチ族の襲撃を防がなければならなかった。19世紀初頭，テキサスにはメキシコからの移住者，ルイジアナの非合法移民，流浪民，脱走兵，逃亡奴隷たちが土地や自由を求めて押し寄せた。

　独立当時のメキシコの国土は443万平方キロメートル（独立直後メキシコ帝国に参加した中米の50万平方キロメートルを除く）で，現在の国土の2倍以上を占めていたが，人口は11年間に及ぶ独立戦争で労働人口の約半数に相当する60万人を失い，1830年当時，約600万人であった。独立直後のテキサス地方は住民がわずかな上に，財政も破綻した惨憺たる

有様で，開拓者と財源を必要としていた。このような人手不足に悩むテキサスの状況を踏まえて，新政府はまず 1821 年，帯同する奴隷を解放するという条件で外国人（その大半は米国人）の入植を認める植民法を公布し，1823 年には奴隷売買の禁止，奴隷の子供を 14 歳で解放すること，カトリック教徒であることという条件をつけた植民法を公布した[4]。しかし，テキサスにプロテスタントのアングロサクソン系住民が大挙押し寄せた結果，テキサスがアングロサクソン化することにメキシコ政府は強い懸念を抱き始めていた。このような政治的社会的に不安定なテキサスに一獲千金を求めて現れた外国人の 1 人がモーゼス・オースティンである。モーゼスはスペイン王室の移民誘致策に呼応して，1820 年にルイジアナからテキサスに渡り，テキサス州知事に 300 家族の入植を申請した。翌年，彼の申請は認可された。その最大の理由は，テキサスはアパッチ族やコマンチ族といった戦闘的先住民の攻撃に恒常的に悩まされていたので，人口過疎地安定化のために 1 人でも多くの入植者を必要としていたからである。しかし，その権利を享受したのは亡き父の遺志を継いだ息子のスティーブンであった。スティーブンは 1821 年 8 月に 16 名の米国人を率いて，ルイジアナからサンアントニオに到着した。州知事のアントニオ・マルティネスはオースティンの申請に応え，植民者 1 人当たり 640 エーカーの土地を分配すること，またその妻には 320 エーカーを，息子には 160 エーカーの土地を分配する計画書を承認した。スティーブンの計画書には，生涯善良なカトリック教徒であること，スペイン王室に忠誠を誓うこと，君主制を支持すること，という父モーゼスに課されたと同じ条件がつけられた（Vázquez 1994:51）。メキシコがスペインから独立すると，オースティンはスペイン王室によって付与された権利をメキシコ政府に承認してもらい，新政府の様々な植民事業に積極的に参加し，その手腕を認められ，1823 年にはテキサス地方の民兵司

令官に任命された。このようにオースティンをはじめとする米国人入植者の大半は，着々とテキサス社会に地盤を築き，メキシコ人と共存した。スティーブン・オースティンは 1830 年代前半までテキサスをメキシコから独立させるという過激な政治信条を持っていたわけではなく，メキシコ連邦共和国内に留まろうとした。オースティンはメキシコに馴化した米国人の 1 人である。

（3）社会

　1830 年頃，テキサスのアングロサクソン系米国人の人口は 7,000 人を超えていた。一方，テハーノ（メキシコ系テキサス人）の人口は 3,000 人前後であった。外国人移民が 7 割を超える地域では当然のことながらアングロサクソン系米国人の同化は進まなかった。テキサス中央・東部を基盤とした彼らはテキサス西部から独立して開拓を進めた。テハーノとアングロサクソン系米国人はテキサスに居住してはいたが，民族的融合には至らなった。テキサスに定住した米国人は母国との絆を保持し，メキシコ文化には非同化状態であった（Weber 1982:166）。他方，ニューメキシコのメキシコ人は米国人を政治的拡大主義者，経済的物質主義者，宗教的異端者，文化的野蛮人と見なしていたが，ニューメキシコ社会の特筆すべき現象として頻繁に両民族の間で通婚が行われていたことがある。メキシコ人と結婚した米国人はスペイン語を学び，米墨戦争後も良好な関係を継続した（Moorhead 1995:193）。辺境地帯は複数の文化と民族が出会う場所である。それらの文化が接触し融合する過程で文化変容が発生し，他文化の包摂や借用が起こり，人々の生活や制度を変えた。

　北部辺境地帯はスペイン統治時代には平等な流動的社会で上流階級者は少なく，資本の蓄積はステイタスの決定には重要な条件ではなかった。失業と極貧がメキシコ市や中核都市での下層階級と物乞いの高い比率を生み出したが，北部ではそのような社会現象は存在しなかった。だが，

メキシコの独立以降は新しい商業機会と資本が増え，上流階級が強化され，拡大し，階級間の相違が徐々に鮮明になっていった。土地と安価な先住民労働力と新マーケットが結合し，牧畜に携わる新富裕階級の出現につながった。スペイン人の子孫たちは広大な土地と多数の家畜を所有し，食肉，皮革，獣脂の販売で利益を上げ，新しいラティフンディオ（大土地所有者）が誕生した（Moorhead 1995:194）[5]。

　メキシコの北部では米国より肌の違いによる人種差別は緩やかだった。ジャーナリストで奴隷廃止論者であったベンジャミン・ランディは旅行記のなかで，次のように語っている。「サンアントニオに滞在中，ある解放黒人奴隷と知り合った。彼が言うには，メキシコ人は他の労働者と同様に彼をリスペクトし，ここでは肌の色で差別されることはない。また別の友人は，メキシコ政府の政策は肌の色を越え，すべての人を尊敬の念で処遇することである，と言った」（Lundy 1847:48）。北部国境地帯では，人種は社会的上昇を阻む壁とは見なされなかった。厳しいヒエラルキー社会構造は 16 世紀から植民地社会の特徴であったが，植民地末期には弛緩し，北部では決して定着することはなかった。好戦的な先住民が多く，安易に労働力を搾取できる従順な先住民が少なかったからである。そのため自力で開拓するよりほかに手立てはなく，社会階級の固定化を維持することは困難であった。カリフォルニアのモンテレーでは米国人はカリフォルニオ（メキシコ系カリフォルニア人）と結婚し，共に教会に行き，それなりの財産を獲得し，勤勉さと質素さをネイティブから習得した。土地の人々は外国人を信用していなかったが，彼らがカトリックに改宗し，土地の女性と結婚して，子供を作り，ネイティブに英語を教えないように気を付ければ，疑念は払拭された（Bancroft 1888:288-289）。辺境社会では，社会秩序と新しい人種の流入に柔軟性があり，個人は婚姻や慣習の受容によって社会階梯を上昇していった。

（4）先住民

　スペイン植民地時代，先住民は王室の臣下として公的に保護され，宣教師たちは布教区で彼らの改宗につとめ，また横暴なスペイン人に搾取されないように庇護した。だが，18 世紀後半イエズス会が新大陸から追放されると，布教区の世俗化が進行した。庇護者を失った先住民はスペイン人に土地を奪われ，彼らの集落は徐々に崩壊していき，生き残ったわずかな集落だけがスペイン人の町に吸収された（Reps 1979:84）。だが，メキシコ国家が成立すると，農園主や牧場主の先住民に対する搾取はさらに過酷になり，彼らの生活は植民地時代より悪化した。アシエンダ（大農園）で仮借ない労働を強いられた上に，法外な値の商品を掛け売りで買わされ，ほとんどの場合，死ぬまで債務奴隷状態で働かされた。

　スペイン人植民者は先住民狩りで先住民を捕獲したり，他の先住民から買い取ったりした。スペイン人は捕獲・購入した先住民をキリスト教に改宗させ，彼らに食事と教育を与える代わりに彼らを召使として奉仕させた。先住民召使は身代金を払うか，成人し，馴化すれば，解放された[6]。メキシコの役人は捕獲された先住民の売買を禁止しようとした。カリフォルニアでは捕らえられた先住民を部族のもとに帰した例もあったが，遊動先住民の襲撃が激化したので，米墨戦争前まで，人身売買は盛んであった。メキシコ政府はスペイン時代同様，北東部辺境地帯ではコマンチ族とアパッチ族を平定できなかった。先住民の襲撃に手を焼いたチワワ住民は 1837 年，ついに「戦争プロジェクト」に踏み切った。このプロジェクトは懸賞金制度である。成人男子の頭皮に 100 ドル，成人女性の頭皮に 50 ドル，幼児の頭皮に 25 ドルの賞金が掛けられた。この残酷なプロジェクトは短期間ではあるが，実際に運用され，その犠牲者もいたことが報告されている（Gregg 2017:162）。19 世紀初めごろの話である。コマンチ族に娘を誘拐されたチワワ州知事は身代金 1,000 ドル

を支払ったが，娘は親元に帰ろうとしなかった。娘はコマンチ族の男と
同居し妊娠しているうえに刺青をされていた。このような状況下，父の
もとへ戻るほうが先住民部落に留まるより不幸であると手紙で伝えてい
る（Gregg 2017:191-192）。先住民に拉致されたメキシコ人や米国人が先住
民文化に"馴化する"現象は北部辺境地帯ではしばしば観察された。

　18世紀末，スペイン人・カスタ（メスティーソ）と先住民（インディオ）
という2つの基本的人種が存在した。先住民部族，プエブロ，コマンチ，
アパッチ，ナバホ，ウテスは混血化すると，ヘニサロと呼ばれ，スペ
イン人社会へ容易に受け入れられた（Jones, Jr. 1979:131-132）。先住民とは，
先住民のような話し方をし，彼らのように振舞い，彼らと同じような衣
装を着ている者たちであるという通説が受け入れられていた。襲撃する
アパッチは「インディオ」と呼ばれたが，彼らのエスニック的人種的ア
イデンティティを喪失し同化したアパッチは「メキシコ人」と見なされ
た（Weber 1982:214）。

（5）女性

　17世紀のニューメキシコの入植者は厳しい気候，農器具と種と労働
力の不足に悩まされた。入植者は先住民が従順に労働に勤しむと期待し
ていたが，そうはならなかった。入植者は「妻と子供たちは水汲みや薪
拾いに追われ，先住民の代わりに働かざるをえなかった」と苦境を訴え
ている（Jensen and Miller 1986:42）。19世紀初頭の米国工業化時代に，中産
階級の米国人女性は経済的重要性を失った。彼女たちの影響力は精神的
文化的分野に限定され，その社会的地位は男性に従属的なものであった。
既婚女性は法的権利を失い，彼女たちの財産と収入は夫のものであった。
彼女たちは敬虔で純潔で献身的であるべきと期待され，彼女たちの居場
所は家庭であった。だがニューメキシコの女性たちは自分の財産と法的
権利を保有し，結婚後も旧姓を名乗った。彼女たちは伝統的な女性の理

想像では評価されず，夫に服従するそぶりを見せる必要はなかった。メ
キシコは独立後，富裕な市民か特権的市民であれば，スペイン系であろ
うがメスティーソ（混血）であろうが，ドン，ドニャという尊称で呼ば
れた。ニューメキシコでは数世紀に及ぶ貧困が社会的壁を風化させた。
主人と召使は同じエスニック的混血であり，同じ方言を話し，同じ衣類
を身に着けた。富者も貧者も一緒に教会に行き，一緒に踊り，お互いの
家族の洗礼式，結婚式，葬儀に立ち会った。1830年代から40年代にか
けて，交易商人の幌馬車が贅沢品を運び，階級間の物資的差異が拡大し
たが，ニューメキシコでは開放的社会は本質的に残り，貧困者，プエブ
ロ先住民，メスティーソ，女性に自分の才能や運によっていくらでも社
会的に上昇する機会が開かれていた（Jensen and Miller 1986:72-73）[7]。

　19世紀の北部国境社会では，女性は男性に食事を準備し，自分たち
は離れて食事するのが習慣であったが，男と女の領分には明確な仕切り
はなかった。ほとんどの女性は料理，洗濯，清掃等の家事労働と同時に，
牧場で家畜の世話と大工仕事を夫と共同で行った。辺境の過酷な条件が，
伝統的ヒスパニック社会の特徴であった女性の従属と性的分業を弱め
た。北部辺境地帯では人種同様，性はメキシコの中央部ほど社会的地位
向上の妨げにはならなかった。カリフォルニアでは少なくとも22名の
女性が申請して土地証書を自分名義で獲得した。メキシコ女性は結婚後
も相続権を喪失することなく，夫とは別の固有財産を維持できた（Bancroft
1888:306）。彼女たちは家庭を出て，召使，パン職人，織手，砂金採取者，
羊飼い，洗濯女，靴下編み，心霊治療者，産婆，アイロン掛けなど，様々
な職業に就くことができた（Jensen and Miller 1986:74）。ニューメキシコの
女性の生活は絶え間ない家事専従の退屈なものではなかった。いつも通
りの家事を済ませた後の自由な時間には昼寝をしたり，ダンス・パーティ
を頻繁に楽しんだ。彼女たちはパーティでは化粧し香水をつけ，ネック

レスとイアリングで身を飾り，溌剌としていた。(Jensen and Miller 1986:75)。

　独立心の強い女性を生み出した一因は，先住民に対する戦闘であろう。1831 年のサンアントニオの人口は 1640 人であった。7 歳から 40 歳までの人口が多数を占め，25 歳以上の寡婦人口が多いのが特徴である。寡婦人口が多い主な原因は若者たちが先住民との戦闘で戦死したからである（Tijerina 1994:12-14）[8]。若者の暴力的死は寡婦と独身女性を残し，彼女たちは控えめなカトリック信者として祈りの中に生きるよりも荒々しい北部辺境地帯で男勝りの逞しい辺境人として生きることを選んだ。1870-80 年の国勢調査によれば，ニューメキシコでは現地のメキシコ人女性と結婚したアングロサクソン系米国人の数が突出している[9]。国境地帯の特徴として正式な婚姻以外の，同棲や一時的な結びつきに寛容であり，この傾向は下層階級の女性に多かった。アングロサクソン系米国人女性が少なかったアリゾナの鉱山地区ではメキシコ女性との同棲が多かった（De León and Griswold del Castillo 2006:58）[10]。

3．19 世紀後半から 20 世紀初頭

（1）強まる人種差別

　サウスカロライナ州選出の上院議員ジョン・カルホーンは米墨戦争勝利後，全メキシコを併合するという提案に強く反対した。カルホーンは 1848 年 1 月 4 日の議会での演説で「敵対的メキシコ人を米国に吸収するのは不可能である。メキシコ人は米国市民より劣等である。メキシコを州として加入させたり，あるいは併合することは断じてできない。われわれはコーカサス人種（自由な白人）以外を連邦に併合したことはない。メキシコの併合は先住民を併合する最初の事例となる。メキシコ人の半数以上は先住民でその他は主に混血から構成されている。私はそのような連合には断固反対である。われわれの政府は白人種のそれである。有

色異人種を白人種と同等に扱うという過ちは社会の基盤を形成する社会的調和を破壊するものである」(Milner II, Butler & Lewis 1997:160) と徹底した有色人種差別発言をした。さらに倫理観と知性に欠けるメキシコ人に市民と宗教の自由に基づく自由な政府の確立が可能であろうかと疑問を投げかけている。

　サンノゼ市長のアントニオ・マリア・ピコは 49 名のカリフォルニオ (メキシコ系カリフォルニア人) と 1859 年 2 月 21 日, 米国の上院と下院へ請願書を提出した。ピコたちは費用と時間がかかる土地所有権訴訟に巻き込まれていたからである。スペイン植民地期か, メキシコ統治期に土地を取得した地主たちが土地審査承認委員会に提出した土地証明書は, 信憑性に疑問があると見なされた。証明書には法的効力がなく, それらの土地は公共の土地と判断された。土地所有税を支払わない場合は競売にかけられた。地主は税を納めるために土地を抵当に入れざるをえなかった (Weber 2003:195-197)。

　米墨戦争終結後, グアダルーペ・イダルゴ条約が締結された 1848 年 2 月直前に, サクラメントのコロマで金が発見され, ゴールドラッシュが始まった。金発見のニュースはすぐさまメキシコ北部に伝わり, ソノラの鉱夫数百人がカリフォルニアに向かった。彼らが米墨戦争後の最初の移民である。1850 年代, メキシコ人や外国人移民がカリフォルニアの金鉱に押し寄せたことで, 反外国人感情が高まった。フランス人や中国人同様にペルー人, チリ人, メキシコ人はカリフォルニアで政治的扇動や暴力の格好のターゲットになった。中南米人が居住したサクラメント川近郊では最も暴力が頻発した[11]。外国人は財産の没収や不法占拠での逮捕の憂き目にあい, リンチにかけられる場合もあった。1848 年に金鉱町にいた約 1,500 人のカリフォルニオは身の危険を感じ, 1849 年帰国した (Alanís Enciso y Alarcón 2016:30-31)。

　メキシコ系米国人に対する差別は，南西部ではテキサスを除き黒人の場合ほど公然としたものではなかった。メキシコ系米国人に対する差別は制度化されたものではなかった。メキシコ系米国人は，黒人に対する人種差別を制定した南部諸州の州法の総称，ジム・クロウ法の対象外であった。アングロサクソン系米国人は総じて自分たちは他の人種より優れていると思っていた。この思考がメキシコ系米国人や他のコーカサス系エスニック人種に対する差別につながった。差別は合法的根拠がなかったために普段はほとんど感じられなかった。だが，それが合法的か否か，あるいは目立たないものであるか公然としたものであるかにかかわらず，差別は社会の隅々まで浸透していた（Samora and Simon 1977:166）。

　1869 年，セントラル・パシフィックとユニオン・パシフィック両鉄道が大陸間鉄道を完成させ，金・銀の鉱山地区と工業化した東海岸を結んだ。一方北上してきたメキシコ中央鉄道はサンタフェから南下してきたサザン・パシフィック鉄道とエルパソで 1881 年につながり，大規模なメキシコ人移民の始まりとなった。当時の米国の越境監視体制は厳格ではなく，メキシコ人労働者はほとんど問題なく越境できた。メキシコ人は，越境ポイントのエルパソから米国南西部に移動し，南テキサス，アリゾナのソルト・リバー・バレー，南カリフォルニアのインペリアル・バレーの綿花，穀物，野菜，果物の農業地帯で働いた（Starr 1966:64）。1882 年，鉄道会社は，中国人排斥法が公布されてから，中国人からメキシコ人労働者へ採用を変更した。大手の職業斡旋所は拠点を鉄道網の要所エルパソに設置し，貧しいメキシコ人に食糧を提供し，鉄道で職場に運んだ。ほとんどの斡旋会社が，労働者から斡旋料を徴収した。職業斡旋所は米国でメキシコ人を探すだけでなく，メキシコ国内に入り込み高賃金を提示して労働者を集めた（Reisler 1976:8-9）。メキシコ人労働者は従順で扱い易いという理由で，他の外国人労働者より好まれた。彼らの賃金はメキ

シコと同じ（日給，1〜2ドル）だったが，帯同する家族の食料と宿泊代金（日 0.5 ドル）も支払われたので，購買力は米国のメキシコ人のほうが高かった（Clark 1908:478）。カリフォルニアのある果樹農園主は「メキシコ人は有り余るほどいて，一般的に平和的でとても低い労働条件で満足する」と低賃金メキシコ人労働者を重宝している（Reisler 1976:6）[12]。

　20 世紀初頭，2 つの重大事件が発生した。1907 年の経済不況と第一次世界大戦である。経済不況はヨーロッパとメキシコからの移民を一時的に停止したが，経済の回復によってこの移民受け入れ停止は短期間で終了した。1909 年には米国の雇用者は再び大量のメキシコ人労働者を採用し始めた。移民は景気の動向によって，人の流れを調節するバルブと化していた。大量の米国人労働者が第一次世界大戦では徴兵され，農業，鉱業，基幹産業，運輸の部門で労働力不足が発生し，メキシコ人は必然的に代替的人的資源となった（Rosales 2000:77）。

（2）アイデンティティの維持と変容

　多くのメキシコ系米国人は，アングロサクソン系米国人と接触する機会が少ない郊外の牧場やバリオ（貧困地区）に住んでいた。彼らは社会階級の底辺を占め，白人がやりたがらない仕事に従事し，職場では白人との接触をできるだけ避けた。メキシコ系米国人たちは自分たちのコミュニティを徐々に確立していったが，彼らの生活には古い習慣が根強く残っていた。新しい移民の到着はホームランドとの古い絆を復活させた。新来者が移り住んだところでは，古い文化基準が活性化された。貧富の差にかかわらず，彼らはナショナリスト的感情，フィエスタ開催等を通して出身地の習慣を持ち込み，伝統的生活様式を維持する最前線を担った。米国主流社会からの遊離もまた文化保持に寄与した。社会に浸透した人種差別主義が集団内部の行動と団結を強化した。公共空間ではメキシコのルーツをあからさまに表現することは抑制したが，私的空

間では彼らは敢えて「メヒカーノ」という言葉を誇りを持って使用した（De León and Griswold del Castillo 2006:66-67）。

20世紀に入る頃，メキシコ系米国人は3種のカテゴリに分類された。第1は自分自身をメキシコ人であり，メキシコを祖国と認識する人々である。彼らはメキシコの政治に特別の関心を持ち，心情的にメキシコ革命初期の革命家を支持した。彼らは両国に共通する腐敗がコミュニティに悪影響を与えるのではないかと恐れて，アメリカ化に反対であった。第2はバイカルチャーを標榜する人々である。彼らにとって米国は唯一の国家であり，主流社会に馴染もうと努力した。彼らはとりわけ英語学習に重点を置き，アングロサクソン系米国人に陳情し，公立学校でのバイリンガル授業プログラムの実現を目指した。第3は完全にアメリカナイズされた人々である。彼らはメキシコの制度や文化などに一切愛着を感じなかった。ニューメキシコ準州の知事ミゲル・オテロ（1897-1906）はその典型であった（De León and Griswold del Castillo 2006:68）。

1930年頃，メキシコ系米国人の56％は米国生まれであった。つまり2代目3代目は米国の制度しか知らなかった。学校のカリキュラムによりメキシコの習慣を米国式の思考，話し方，行動で代替するように圧力をかけられた。メキシコ系米国人はYMCA等の機関でも市民権や民主主義に留意するように教育されたが，米国社会に受け入れられるために米国の制度や価値観を是認した。メキシコ文化への強い愛着を抱いていたが，自身をメキシコ系米国人と見なした（De León and Griswold del Castillo 2006:111-112）。

4. メキシコ系同郷者協会の創設と発展

(1) メキシコ系同郷者協会の結成

　19世紀末, 大規模なメキシコ人移民の米国南西部と中西部への流入が始まり, 各地にリトル・メキシコが誕生した。そこでのアイデンティティは, 早期帰郷, メキシコの市民権と文化の維持, 祖国の記憶の理想化・美化であった。亡命ナショナリズムはビジネスマン, 同郷者協会 (hometown associations: 以下, HTAs と略す) の構成員, 新聞の編集者, 領事館によって作り上げられた移民間ネットワークによって全米に急速に拡大した。彼らは一時的滞在者ではあったが, 尊厳と寛容を持って扱われることを望んでいた。しかしアングロサクソン系米国人の人種差別, 拒絶, あからさまな憎悪は彼らの望みを挫いた。土地所有権の喪失, 学校での分離授業, リンチ, 警察官の暴力, とりわけ人種差別的死刑宣告[13]が彼らを苦しめた (Rosales 2000:103)。

　そのような苦境において, メキシコ系米国人は移民同士がお互いに助け合いながら, 自分たちのアイデンティティを確認し, 強化する HTAs を創設するようになった[14]。その嚆矢となったのは1894年に創設されたトゥーソン (アリゾナ) の「ヒスパニック系米国人同盟」(HAA) である。その後, 1914年, フェニックスの「ラテン保護同盟」(LPL), 1915年, ロサンゼルスの「メキシコ人保護連盟」(MPL) が続いた。創設の目的は市民権侵害と労働者搾取からメキシコ系米国人を庇護し, 移民の法的権利を主張することである (Rosales 2000:104)。

　HTAs はスペイン語でビジネスを行い, 疾病・失業・生命保険, 健康ケアオプションを提供し, 葬儀まで面倒をみた。それらの社会保険に加えて, レクレーション, 音楽, 文学のクラブも創設された。これらの HTAs は同胞愛, 兄弟愛, 文化的誇りを強調したが, 政治的には穏健路

線を敷いた。HTAs の会員のほとんどは労働者であったが，労働契約人，小商人も HTAs の趣旨に賛同し，月額 2 ドルの会費を支払い，杓子定規な規定より扶助と互恵の精神で運営した（Weber 1994:61）[15]。

　HTAs は強い責任感と市民的精神の活動を通してメキシコのアイデンティティと互助的倫理観を宣言した。彼らの倫理観と互助的支援は，文化的価値，兄弟愛，利他主義への会員の献身に負っていた。会員は倫理感を堅持することがメキシコのアイデンティティを強化し，物質的発展に貢献すると考えた。そして組織の内的発展を目指すだけではなく，組織を越えた互助精神の拡大を図った（Zamora 1993:9-100）。HTAs の中には衰退したものもあったが，新しい組織が誕生し，その復元力はメキシコ系米国人アイデンティティへの強い思いを表わしている。だが，第二次世界大戦中，多くの HTAs はメンバーを喪失した。HTAs が提供したサービスはニューディール・プログラムと競わなければならなかったからである。「ヒスパニック系米国人同盟」（HAA）は 1960 年代に急速に衰退したが，長期間「同盟」が継続されたことは例外的ケースであった（De León and Griswold del Castillo 2006:129）。

　1921 年 9 月 16 日，独立 100 年祭がロサンゼルスで開催された。それまでも HTAs 主催の独立祭は祝われていたが，メキシコ領事館が費用のかかる行事を直接に支援し，HTAs と共催したのは初めてのことであった。この出来事以降，HTAs の文化事業におけるメキシコ領事館の存在感が高まり，領事館は積極的に HTAs と関わるようになった。領事館の職員はメキシコの商業的利益を主に代表していたが，メキシコ人——とくに暴力犯罪の犠牲者——のスポークスマンとして精力的に活動した。領事館の献身的活動は身分が不安定なメキシコ人移民と母国の絆を強めた。（De Leon 2009:108）だが，異国で逆境に直面した労働者階級の移民は，メキシコ政府に対してアンビバレントな感情を抱いていた。彼らはメキ

シコの言語や文化に誇りを抱いていたが，母国での政治的宗教的迫害や経済的崩壊から逃れてきた事実を払拭できずにいたからである（Sánchez 1993:108-109）。領事館が 1920 年代に直面した最大の問題は仕事が見つけられなかったメキシコ人の本国送還であった。HTAs やボランティアが帰国資金を工面した。メキシコ政府は国境から国内の出身地までの少額の交通費を負担しただけであった。領事館と移民の間には相互不理解が存在した。移民は領事館の力を過大評価し，領事館はその影響力と権威に依存しすぎていた（Romo 1983:156-167）。

（2）「ラテン系米国市民統一連盟」（LULAC）

　人種的，宗教的，文化的偏見は，言葉の壁と階級的反目によって先鋭化し，メキシコ人を米国主流社会から引き離した。イペリアル・バレーでは 1920 年代，ジム・クロウ法が事実上，効力を有していた。この法律は，元来黒人の公民権を剥奪するものであったが，レストラン，ソーダ水売り場，美容院，理髪店からメキシコ人も実質的に排除するものであり，映画館では隔離された場所でのみ着席が認められた（Starr 1966:65）[16]。このような人種差別が拡大する中，メキシコ系米国人の間で新しい政治活動の試みは，サンアントニオの「米国の息子たちの会」創立によって 1921 年に開始された。低中産階級の専門職から構成される「息子たちの会」は，メキシコ系米国人に米国人と同等の権利と平等の権利の獲得を目指すことに力点を置いたが，不幸にも内部対立によって組織は分裂してしまった。だが，1929 年 2 月，「ラテン系米国市民統一連盟」（LULAC）がテキサスのコパス・クリスティで旗揚げされた[17]。LULAC は 400 の支部を持ち，その主な構成員は中産階級のエリートであり，米国とその文化に強いアイデンティティを抱く者たちである。この HTA はアメリカナイズを同化と定義したが，全面的な文化的同化ではない。会員のメキシコ系米国人は政治的経済的統合というよ

り文化的多元主義を志向した。アングロサクソン系米国人と共有でき
るバックグラウンドから派生しているゆえに，彼らと対立するつもり
はない。この協会の主要な目標は，「連盟」の影響力を社会的，経済的，
政治的活動のあらゆる分野に駆使して，米国憲法よって保障されたあ
らゆる特権と特典を可能な限り享受することである。LULAC の綱領は，
組織の公用語は英語とすべきであるという条項を規定し，同化傾向を
明示している。同化を目指して活動するということに加えて，メキシ
コ系米国人が米国において社会的，経済的，文化的面で貢献したこと
を米国社会で喚起しようとした。LULAC はメキシコ系米国人の子供た
ちに公立学校入学前に英語を教えた。英語は彼らの権利と権威を享受
するために重要であった。LULAC は本質的に米国の市民として抱負と
義務の声を発する HTA で，メキシコ系米国人による政治的発言を重視
した最初の移民組織である。従順なメキシコ人という神話は崩れたと，
言える（Samora and Simon 1977:173-174）。

（3）現代のメキシコ系同郷者協会

メキシコ政府は 20 世紀初頭から在外領事館を介して，HTAs を経済
的精神的に支援してきたが，100 年を経た現在，より積極的に HTAs に
関わろうとする姿勢を鮮明にしている。HTAs はそのようなメキシコ政
府の姿勢を評価し，柔軟に対応しているので，両者の関係はかなり融和
的で良好なものになっている。そのような両者の肯定的関係進捗は，米
国におけるメキシコ系移民の政治的経済的社会的関心の高まりと非合法
移民の増大に起因する。約 2,500 万人のメキシコ系移民は米国において
最大のマイノリティであり，その発言力は米国の政治家，企業人にとっ
て無視できない存在にまで成長した。彼らは大統領選挙や州知事選挙等
でその集票力を活用してメキシコ系やヒスパニック系に有利な政策を掲
げる政治家や政党に投票し，その政治的影響力を発揮している。メキシ

コ系の未熟練労働者は現代でも他の民族，とくにアングロサクソン系米
国人より低い賃金で働くために，農業，鉱業，建設業，都市のエッセンシャ
ル業の経済分野は，彼らの労働力に大きく依存している。一方移民への
対応においては，1980 年代以降の米国の厳しい移民法の成立によって，
非合法移民が増大し，米墨両国はその対策に苦悩している。とくにメキ
シコ政府は非合法的越境行為によって逮捕される自国民の保護や人権問
題への対応で頭を痛めている。このような状況において米国では，新し
い HTAs が生まれ，新理念に基づき協会活動を発展させている。その代
表例が「南カリフォルニアのサカテカス州出身者連合」（FCZSC）である。

（4）「南カリフォルニアのサカテカス州出身者連合」(FCZSC)

　サカテカス州出身者は厳しい移民規制開始以前の 1960 年代から米国
へ移住し始めた。そのためメキシコ系移民の中では所謂「アメリカンド
リーム」を達成した人々が多い。FCZSC はロサンゼルスで 1972 年に創
立された。彼らはロサンゼルス市中心部に近い中産階級の居住区に自己
資金で協会ビルを建設した。人種は白人とメスティーソによって構成さ
れる[18]。この HTA は祝祭日イベントの開催等の文化的活動，企業への
投資等の経済的活動，生命保険提供等の社会的活動を行うとともに，近
年，米国政府に対して非合法移民の合法化運動等の政治活動も積極的に
展開している。LULAC との違いは，構成員に非合法移民も含まれるこ
とである。FCZSC は成功移民によって創設されたが，不幸にも夢を実
現できなかった移民や命からがら越境してきた移民の面倒もみる慈善的
な組織である。FCZSC は母国を後にしたメキシコ系移民によって設立
されたトランスナショナルな協会である。だが，母国を無縁な存在だと
突き放した団体ではない。むしろその反対で，米国で経済的に組織的に
基盤が整備されたトランスナショナルな協会が国境を超えて“北から”
母国に呼びかけて，時には干渉して，母国の福祉，雇用，社会的平等，

民主主義の向上のために闘っている。

　FCZSC は団結した，経験豊富な組織で，会員を援助する慈善的事業を数多く手がけ，実績を残してきた。この「連合」は 10 以上の下部クラブ組織を含み，多様な事業と指導者の発射台として活動している。国境を超えた扶助を介して，メキシコが未だ解決できない貧困や汚職を減らそうとしている。HTAs 同士は同族的に繋がり，閉鎖的関係を築く傾向があるが，FCZSC は社会経済的に分離された地域との解放的関係構築を目指してきた。FCZSC が本部を置くロサンゼルスは相対的に新来者にとって有利な点がある。というのは同じ出身地の縁者と同胞のソーシャル・ネットワークが新来者の到着と活動を容易にするからである。協会ビルはコミュニティ・プラザとして機能しており，高校生や成人用の授業が提供されている。また少額であるが大学生用の奨学金を給付している。これらの活動は会員が社会的統合へ向かうための援助であり，出身地との連帯保持のためだけではない（Alarcón, Escala and Odgers 2016:126）。

　FCZSC の活動で特筆すべきは，マッチング・ファンド「3x1 プログラム」の発想と成功である。「3x1 プログラム」とは，米国の HTAs の出資金を基金として，メキシコ連邦政府・州政府・市町村（ムニシピオ）の 3 セクターが各々同額を出資し，4 倍となった出資金を移民の出身地のインフラ整備，教育水準の向上，雇用創出に活用し，周縁率の高いムニシピオを活性化する制度である。この制度は 1992 年に FCZSC とサカテカス州政府間の協定締結（1x1 プログラム）から始まった。2005 年にはメキシコの 26 州 425 のムニシピオで 1,691 の事業が実施され，米国 35 州の 815 の HTAs が参加した。4 セクターからの拠出金は 8 億 4,700 万ドルに上り，移民とその出身地の精神的絆を強めるとともに，地域の経済的発展と社会的安定を促進するトランスナショナルなプロジェクトとして国

際的に高い評価を受けている（山﨑 2018:49-50）。

　サカテカス州のムニシピオでは，道路舗装，上下水道の設置や電力供給システム等のインフラ整備プロジェクトは相当進んでおり，他州でなかなか進捗しない雇用創生プロジェクトも軌道に乗っている。たとえば，家畜飼育，地元で収穫した果実からのジャム生産，ウチワサボテンの栽培，養蜂の他にバハ・カリフォルニア州の魚類の養殖にまで金融・技術支援を行っている。米国のビジネス界に積極的に進出している例としては，メスカル（テキーラの一種）を蒸留・販売する企業への投資がある。この事業はサカテカス州のメスカル製造業者との共同プロジェクトになっており，出身地の雇用を創生するトランスナショナルなビジネスと呼べる（Federación de Clubes Zacatecanos del Sur de California 2021）。

5. おわりに

　独立後のメキシコは内憂外患に苛まれた。多くの政治的経済的問題を抱え，独立戦争で人口の 10％を失った状況で防衛，国土保全という難題に直面した。北部辺境地帯はメキシコ市から 2000 キロメートル以上離れた遠隔地であった。そのため国家造詣・統一を図る中央政府の方針とは異なり，ナショナリズムの意識は薄弱であった。また辺境地帯特有の社会現象が生まれた。社会は階級意識が希薄で，階層間の移動は流動的であり，人種に対する偏見が少なく，異なる人種間の通婚も比較的自由であった。北部辺境地帯はラテン，アングロサクソン，先住民の3つの文化が遭遇し，時には共存し，または対立し，そして混淆する空間であった。

　MexAmerica は差別・抑圧されてきた人々にとって精神的安らぎの場となった。タコスを食べながら家族や友人とスペイン語で話すことがで

きる憩いの場所であるとともに，差別や偏見から彼らを守ってくれる避
難場所でもある。祝祭の行列をみれば，故郷で共に参加した親兄弟や子
供が懐かしく蘇る。HTAs という「盾」（Shield）が差別に晒される住民
を守ってくれる。たとえ収入はそれほど高くなくても，心理的に安心し
て暮らせる場所だからこそ，彼らはここに住み続けているのである。

　HTAs と故郷の村との間のトランスナショナルナルな連帯が HTAs の
存続と発展に貢献をしている。HTAs が存在し続けるには，その構成員
の存在が必要不可欠である。その点，合法，非合法にかかわらず，メキ
シコ各地からの人の流れは絶え間ない。HTAs はそのような新来者が米
国社会に馴染むまでのトランジットな空間でもある。新たに HTAs に加
入した移民は母国の伝統・習慣を持ち込み，ナショナルな概念が取り込
まれ，文化が再生産される。しかし，再生産された価値観は米国的要素
が加味され変容しており，米国的価値観を帯びたメキシコ的なアイデン
ティティが生まれる。その新しい価値観が従順な民族と見なされていた
人々を政治運動に駆り立てるのである。苦難を経て団結が生まれた。そ
の結晶がホームタウン・アソシエーション（HTAs）である。

注

1 在米メキシコ系移民が創設した団体には Association(Sociedad)「協会」，League(Liga)
「連盟」，Alliance(Alianza)「連合」，Federation(Federación)「連合」，Club(Club)「クラブ」
等の組織名が付けられているが，本章では統一的名称としては hometown associa-
tion (Sociedad Mutualista)「同郷者協会」と表記する。
2 1820 年，スペインのカディス自由主義憲法が復活したとき，ニューメキシコでは，
プエブロ先住民はスペイン人と同等の権利を有すると見なされ，彼らの投票権と
公職就任権が承認された。その結果，1820 年後半にはほとんどのプエブロ先住民
は市会を確立していた（Simmons 1968:213）。
3 サンタフェ交易のデータ（1822-1843）。事業者数が減少したのは，統廃合が進み事
業者の規模が拡大したからである（Moorhead 1995:62-67）。

年	総取引額	ワゴン数	従事者数	事業者数	チワワでの取引額
1822	15,000 ドル	―	70 名	60	9,000 ドル

1824	35,000 ドル	26	100 名	80	3,000 ドル
1843	450,000 ドル	230	350 名	30	300,000 ドル

4 移民請負人（エンプレサリオ）には農地 886 エーカー, 100 家族ごとに牧草地 22,142
　 エーカーが付与された。6 年間耕作し, 家畜を飼えば土地を価格の 5 分の 1 で購入
　 できた。住民は教会建設用に毎年 1 ドル納付が義務化された。町の建設にも規定
　 が設けられ, 中心のプラザは 120 バラ（99m）四方で, 20 バラ（17m）の幅の通り
　 が東西南北に碁盤目状に引かれた（Reps 1979:117）。

5 スペイン兵士の子孫フランシスコ・パチェコは 1820 年, 30 歳の時, モンテレー砦
　 の士官となり, 1833 年, 競売に付されたサンフアン・バウティスタの教会所有の
　 土地 15 万エーカーを 10 年間かけ獲得した（Weber 1982:208）。

6 野蛮な部族から救い出された先住民の子供たちは家族の召使として育てられ, 家族
　 と同名の姓で洗礼を受け, 結婚するとニューメキシコの市民権を授与された（Jensen
　 and Miller 1986:75）。

7 上流社会の寡婦や老婦人は, 家長不在の場合は家族の財産と土地所有者の措置に
　 関して重要な決定権を有していた。また彼女たちは家庭内で子供の躾け, マナー,
　 エチケット, 家事労働, 社交術を教えた（De León 2009:57）。

8 サンアントニオ（テキサス）の年齢・性別・婚姻状況（1831）(Tijerina 1994:14)

年齢	独身		既婚			
	男性	女性	男性	女性	寡夫	寡婦
7 歳以下	172	152				
7 歳 -16 歳	165	160		16		
16 歳 -25 歳	89	72	56	71		9
25 歳 -40 歳	32	34	114	132	12	43
40 歳 -50 歳	11	6	48	36	11	32
50 歳以上	14	3	47	29	16	52
合計	483	427	265	284	39	136

9 1870 年代までには, こうした結婚形態はメシジャ・バレーに普及していた。ラスク
　 ルセスではアングロサクソン男性の 90％がメキシコ人女性と結婚しており, メシー
　 ジャでは 83％, ドニャ・アナでは 78％であった (Jensen and Miller 1986 :100)。

10 ニューメキシコの婚姻は変則的な男女関係を隠す方便であった。既婚者の 4 分の 3
　 には愛人がいたが, 咎められることはなかった。内縁関係は婚姻より普通であり,
　 一般的に認められていた (Jensen and Miller 1986:76)。

11 ピーターソンは, 反メキシコ人主義はゴールドラッシュ直後, 鉱山における経済
　 的競争や紛争から生まれたという仮説があるが, この運動は米国人の根強い人種
　 差別主義から生まれたものであると主張する (Peterson 1980:309)。

12 このような大量の低賃金メキシコ人労働者は「植民地的労働力」と呼ばれている
　 （Zamora 1993:15）。

13 人種差別的判決として最も注目されたのは, León Cárdenas Martínez, Jr. 裁判である。
　 1911 年 7 月, レオン・カルデナス Jr. はテキサス州のサラゴサという町で白人女性
　 殺害の罪で逮捕されたが, カルデナスは裁判では殺害を否定した。被疑者の供述
　 によれば, 狂暴化した地元住民に囲まれた殺人現場に連行され, 保安官にもし罪
　 を認めるなら, 群衆のリンチから保護してやると言われ, 自白したと証言した。

28

彼の父親は，未成年者には死刑が宣告されないため，出生証明書と洗礼証明書を提出して 15 歳であることを証明しようとしたが，証言台に立った地元民たちは 18 歳以上に見えると証言し，未成年であることが否定された。証拠は強要された自白しか存在しなかったが，死刑が宣告された。この裁判ではメキシコ人コミュニティは裁判費用の調達に奔走し，助命嘆願書も提出した。またメキシコ政府は弁護士団を雇った。死刑を終身刑に減刑するように執拗な運動を行われたが，1914 年 5 月絞首刑に処された。この裁判以降，メキシコ系移民の間に自分たちの権利を守り，団結するために HTAs 創設の動きが加速化した（Rosales 2000:111-113）。

14 移民コミュニティはホームランドの複製ではなかった。移民たちは故郷のすべての伝統と価値観を移植できないことを理解していた。その代わり新しい都市文化を創造した。メキシコ・レストランをひいきにしたり，HTAs に所属したり，プラザ前の教会で日曜日に宗教的奉仕活動をしたりした。移民たちは自分たちの文化や価値観を保持しつつ，米国の社会に馴染んでいった（Romo 1983:12）。

15 1910 年代，移民の膨張はカリフォルニアで HTAs の「進歩的協会」や「ヒスパニック米国人協会」の会員を拡大した。そして新しい HTA の「ベニト・フアレス同郷者協会」(1919) がロサンゼルス中心部に，「ミゲル・イダルゴ同郷者協会」(1922) がブローリーに生まれた。メキシコの偉人の名前を冠しているのは祖国に対する愛着である（Weber 1994:61）。

16 ロサンゼルスの著名なジャーナリスト，イグナシオ・ロペスは公共施設でのメキシコ人差別について論評している。劇場でメキシコ人は通路や桟敷席でしか観劇を許されなかった。またプールでは平日の 1 日だけしか使用が許されず，他の曜日はすべてアングロサクソン系米国人使用であった。ロペスは，メキシコ系米国人は全国民に認められている権利を有しながら，なぜそのような人種差別に対して抗議しないのかと，従順にアングロサクソン系米国人に従う同胞を非難している（García 1989:86-87）。

17 「息子たちの会」のベン・ガルサ，「ラテンアメリカ市民同盟」のアロンソ・ペラレス，「米国の騎士」の M.C. ゴンサレスが全メキシコ系米国人の地位向上のために協力して「ラテン系米国市民統一連盟」（LULAC）を創設した (García 1989:29)。

18 2016 年に FCZSC 本部で理事 8 名に 15 項目のアンケート調査を実施した。そのうちのアイデンティティ意識調査では，米国人と回答したものは皆無であり，5 名がメキシコ人，3 名がメキシコ系米国人と答えた。英語を流暢に話し，ビジネスでも成功し，米国主流社会に溶け込んでいるにもかかわらず，自身をメキシコ人と見なす回答は想定外であった（山﨑 2016:101）。

引用参考文献

Alanís Enciso, Fernando Saúl y Alarcón, Rafael 2016 "El ir y venir de los norteños, Historia de la migración mexicana a Estados Unidos," El Colegio de la Frontera Norte, Tijuana.

Alarcón, Rafael, Escala, Luis, and Odgers, Olga 2016 "Making Los Angeles home," The Integration of Mexican immigrants in the United State, University of California Press.

Bancroft, Hubert Howe 1888 "California Pastoral, 1769-1848," The History Company.

Clark, Victor 1908 "Mexican Labor in the United States, Bulletin of the U.S. Bureau of Labor,"

University of New Mexico Press.

Cornelius, Wayne 1982 "Interviewing Undocumented Immigrants:Methodological Reflections Based on Fieldwork in Mexico and the US.," The International Migration Review vol.16, no.2, Sage Publications.

Dary, David 2000 "The Santa Fe Trail:Its History, Legends, and Lore," University Press of Kansas.

De León, Arnoldo 2009 "Mexican Americans in Texas: A Brief History," Harlan Davidson Inc.

De León, Arnoldo and Griswold del Castillo, Richard 2006 "North to Aztlán, A History of Mexican Americans in the United States," Wiley Blackwell.

Federación de Clubes Zacatecanos del Sur de California (http://fedzac.mx/wp-content/ publizine/sistematizacion-es/ 最終閲覧日：2021 年 10 月 30 日)

García, Mario T. 1989 "Mexican Americans, Leadership, Ideology & Identity, 1930-1960," Yale University Press.

Gregg, Josiah 2017 "Commerce of the Prairies, The Journal of a Santa Fe Trader, 1831-1839, " Independently published.

Jensen, Joan M. and Miller, Darlis A. 1986 "New Mexico Women," University of New Mexico Press.

Jones, Jr. Oakah L. 1979 "Los Paisanos: Spanish Settlers on the Northern Frontier of New Spain," University of Oklahoma Press.

Lundy, Benjamin 1847 "The Life, Travels, and Opinions of Benjamin Lundy," published by William D. Parrish.

Moorhead, Max L. 1995 "New Mexico's Royal Road. Trade and Travel on the Chihuahua Trail," University of Oklahoma Press.

Milner II, Clyde A, Butler, Anne M. and Lewis, David Rich 1997 "Major Problems in the History of the American West," WADSWORTH CENGATE Learning.

Peterson, Richard H. 1980 "Anti-Mexican nativism in California, 1848-1853," Southern California Quarterly 1980,vol 62, no.4.

Porte, Alejandro and Bach,Robert L. 1985 "Latin Jaurney," University of California Press.

Reisler, Mark 1976 "By Sweat of Their Brow: Mexican immigrant Labor in the United States, 1900-1940," Greenwood Press.

Reps, John W. 1979 "Cities of the American West, A History of Frontier Urban Planning, " Princeton University Press.

Romo, Ricardo 1983 "East Los Angeles: History of a Barrio," University of Texas Press.

Rosales, Francisco Arturo 2000 "Testimonio: A Documentary History of the Mexican American Struggle for Civil Right," Arte Público Press.

Samora, Julian and Simon, Patricia Vandel 1977 "A History of the Mexican-American People, " University of Notre Dame Press.

Sánchez, George J. 1993 "Becoming Mexican American, Ethnicity, Culture and Identity in Chicano Los Angeles," 1900-1945, Oxford University Press.

Simmons, Marc 1968 "Spanish Government in New Mexico," University of New Mexico Press.

Starr, Kevin 1966 "Endangered Dreams: The great Depression in California," Oxford University Press.

Tijerina, Andrés 1994 "Tejanos &Texas under the Mexican Flag, 1821-1836," Texas A&M University Press.

Vázquez, Josefina 1994 "Colonización y Pérdida de Texas," Schumacher Maria Esther, Mitos en las relaciones México-Estados Unidos," FCE, México.

Weber, David J. 1982 "The Mexican Frontier 1821-1846. The American Southwest Under Mexico," University of New Mexico Press.

——2003 "Foreigners in Their Native Land, Historical Roots of the Mexican Americans," University of New Mexico Press.

Weber, Devra 1994 "Dark Sweat, White Gold: California farm worker, cotton and the New Deal," University of California Press.

Zamora, Emilio 1993 "The World of the Mexican Worker in Texas," Texas A&M University Press.

山﨑眞次 2016「メキシコ政府の新移民政策―想像の共同体構想」『早稲田大学教養諸学研究』141 号.

——2018「メキシコの新移民政策―マッチング・ファンド『3x1 プログラム』の課題」『ワセダアジアレビュー』no.20.

第2章　トランプ政権までの米国の 対メキシコ移民政策の歴史と特徴

吉野　孝

1．米国におけるメキシコ人労働者の特殊な地位

　移民の国である米国には，移民法改革の長い歴史がある。米国最初の移民関係法は，1790年の「帰化法（The Naturalization Act）」であり，同法は「自由な白人であれば，いかなる外国人も米国に入国して市民になることを認められる」と規定した（Wong 2017:24）。これは米国による初めての「白人国家」宣言であったものの，1868年に連邦憲法の第14修正により黒人が米国市民として認められると，1870年の帰化法では「米国市民は白人とアフリカ人の子孫に限る」と書き替えられた。また，1881年の「移民法（The Immigration Act）」では，「多妻主義者」や「道義的に乱れた人」，「精神障害者」や「公共の負担となりやすい人」などを移民として認めないことが規定された。これは米国連邦政府が「望ましくない」人物を除外する最初の法律となった（日本貿易振興会 2003:28）。

　1848年から1855年にかけてのカリフォルニア州でのゴールドラッシュと，その後の大陸横断鉄道の建設などにより，中国から米国に入国する労働者が増大し，それに伴い中国人労働者排斥運動が起こった。これに対応して1882年に制定されたのが，「中国人排除法（The Chinese Exclusion Act）」である。その主要な内容は，1) 中国人労働者の移民を10年間停止する，2) 法律発効時に米国に在住している中国人労働者が一時的に米国を離れた後で米国に戻ることを認める，3) 非合法的に米国にいる

中国人は国外退去とする，4) 不法中国人労働者を米国に連れ込む船の船長は，最高 500 ドルの罰金または 1 年の懲役とする，5) 中国人が米国市民になるのを禁じる，などであった（日本貿易振興会 2003:29）。

19 世紀の末からは，東欧・南欧諸国からの移民が急増した。これらの国からの移民は，西欧・北欧諸国からの移民とは言語や宗教，文化や生活様式において異なっていたため「新移民」と称され，米国社会にうまく同化することができるか否かが懸念された。さらに，1917 年の「移民法」はアジア系と東欧・南欧系の移民を制限することを意図し，その主要な内容は，1) 読み書きテストの採用，2)「アジア禁止地域」の指定，3) 政治急進主義者の排除であった（Wong 2017:5；髙佐 1998:54）。なお，こうした中国を含め国籍による市民権の制限は，1952 年の「移民国籍法（The Immigration and Nationality Act:INA）」が制定されるまで続いた（日本貿易振興会 2003:29）。

さて，20 世紀に入ると，米国内の経済は拡大し，同時に資本集約型の大量生産方式が導入された結果，労働者に対する需要はかつてより低下した。また，それまで一時的に減少していた移民は，第一次世界大戦が終わると再び増加した。このような状況の中で，「1924 年移民法」が制定された。同法は 1921 年に成立した「緊急割当法（The Emergency Quota Act）」に基づき，初めて「移民」を定義し，移民を「割当移民」と「非割当移民」に分け，割当移民国には移民数を 1890 年以来の当該国からの移民の 2％に限定した。また，アジア移民（とくに日本移民）を念頭に「市民権を持つ資格のない外国人」の移民を禁じる一方で，「(英国) カナダ領，ニューファンドランド，メキシコ共和国，キューバ共和国，ハイチ共和国，ドミニカ共和国，運河地帯，中央および南米で生まれた移民」には割当が設定されなかった（日本貿易振興会 2003:30-31）。

この法律の効果は大きかった。たとえば 1921 年には 98,000 人だった

ポーランド人移民は 1930 年には 9,000 人に，同じくイタリア人移民は 222,000 人から 22,000 人に減少した。そして，東欧・南欧諸国からの移民に代わる安価な労働力として重要性が高まったのが，ラテンアメリカからの労働者，とくにメキシコ人労働者であった。1915 年から 1920 年の間にメキシコからの移民は年間約 10,000 人から 50,000 人に増加し，1920 年代の間には約 50 万人のメキシコ人が米国に入国した（髙佐 1998:55,57）。

　このように米国では，様々な移民制限規定が設けられたにもかかわらず，少なくともこの時期に至るまでメキシコからの移民または労働者が明確な規制の対象になることはなく，むしろ積極的に受け入れられてきたように見える。その理由は，両国成立の歴史的経緯と結びつきの密接さにある。

　第 1 の歴史的経緯とは，建国初期にメキシコから米国に領土の割譲が行われ，その地域の住民が「メキシコ人」から「米国人」に変更されたことである。北アメリカ大陸が「発見」されて以降，主にイギリス，フランス，スペイン 3 か国から同大陸への植民が続き，1776 年には東部 13 州が米国としてイギリスから独立し，また，1821 年に，現在の米国の西部・南西部に広大な領土を保有していたメキシコが，スペインから独立した。その後，米国は領土の拡張を目指し，1803 年にはフランスからルイジアナを買収し，1819 年にはスペインからフロリダを購入した。1836 年に，メキシコ領であったテキサスが米国人植民者によって「共和国」として独立し，1845 年に米国に合併されると，両国の対立関係は頂点に達した。

　テキサスの所有をめぐる対立から米墨戦争（1846 〜 48 年）が起こり，米国が勝利した結果，1848 年のグアダルーペ・イダルゴ条約（The Treaty of Guadalupe Hidalgo）により，米国にテキサスの所有が認められ，両国国

34

境が確定され，メキシコ北部の 136 万平方キロメートルに及ぶ広大な領
土（現在のカリフォルニア・ネバダ・ユタ州，ニューメキシコ・アリゾナ・コ
ロラド州の大半，テキサス・オクラホマ・カンザス州の一部）が米国に割譲
された。そして，条約締結後 1 年以内にメキシコ市民に留まりたいと公
式に宣言しないメキシコ人住民は「自動的に米国市民になる」ことが定
められた（Foley 2014:31）。

第 2 に，米国に隣接するメキシコは，米国への短期労働力の提供国で
あった。まず 19 世紀後半に米国は多くの労働力を必要とした。連邦議
会は，1864 年に南北戦争によって発生した需要を満たすための労働力
として移民を奨励する法律を制定し，州政府は，独自の移民政策を実施
した。とくに西部・南西部州では，開拓のための移民獲得競争が激化し
ており，多くの州が専門機関を設立して移民を誘致した（髙佐 1998:50）。
次に，20 世紀に入ると，米国の南西部州は好景気になり，入国規制が
ゆるいメキシコから多くの労働者が米国に流入した。メキシコ人労働者
は，自身の親またはその親の世代と同様に，国境を行き来しながら，鉱
山，鉄道建設，農場で働いた。一定期間の労働の後，多くの労働者は自
宅に戻ったものの，境界州のメキシコ人コミュニティに残った者もいた
（Foley 2014:39）。

米国におけるメキシコ人のコミュニティも，また特殊であった。境界
州に残ったメキシコ人は，街中で個人として分散して居住するのではな
く，バリオ（barrios）と称されるコミュニティを形成した。これはエスニッ
ク・グループとしてのメキシコ人に限定された居住区のことであり，後
には，ヒスパニックと呼ばれる者たちもこれに加わった。ここに居住す
るメキシコ人は，通常の移民とはならず，季節労働者，あるいは数年間
ごとにメキシコに戻ってはまた米国に入国する定期労働者の形をとる者
が多かった（日本貿易振興会 2003:9）。

　したがって米国は，メキシコからの労働者の流れを，法律改正を経ず
にある程度自由に規制することができた。南西部州の農場（農家）が収
穫時に大量の労働力を必要としたとき，メキシコ人労働者に対しては
1917年に始まった読み書きテスト，人頭税，労働契約条項などが免除
された。また，1921年および1924年に割当制限が実施されヨーロッパ
系移民が減少したときには，メキシコ人とその他の西半球からの移民は
割当制限の例外とされた。さらに，1930年代の不況の際には，1882年
法の「公的負担」条項や1885年の労働契約の禁止といった昔からある
規制を厳格に解釈するだけで何千人ものメキシコ人を国外に退去させた
のである（髙佐 1998:56）。

　米国が第二次世界大戦による労働者不足に直面すると，1942年に
米国とメキシコは2国間協定を締結し，メキシコ農民をゲスト労働者
(guest-workers) として受け入れた。ゲスト労働者は braceros と呼ばれたた
め，これはブラセロ計画と称された。第二次世界大戦後，米国経済が再
び好況になると，今度は南西部州の農業地域で，労働契約を定めたブ
ラセロ計画によって再び大量のメキシコ人労働者が呼び込まれた。1950
年代になって，非合法移民は賃金水準を低下させ，米国人労働者を排除
しているといった批判が高まると，政府は1954年に「ウェットバック
計画（Operation Wetback）」によって多くのメキシコ人労働者を国外に退
去させた。最終的にこのプログラムは1964年まで続き，その時点でゲ
スト労働者の総数は450万人に達した（日本貿易振興会 2003:9）。

　ブラセロ計画は，変動する米国の経済にメキシコ人労働力を柔軟に組
み込む制度であり，この意味で，メキシコ人非合法移民の増加を促した
要因である。というのは，このプログラムが実施されている間，正規の
労働者だけでなく，非合法入国者までも事実上入国が黙認され，労働者
として雇用者に引き渡されるという慣行が続いていたからである。この

ような半ば公然化した非合法移民の奨励に加えて，移民帰化局の地域監督官も非合法労働者を事実上無視していた。連邦議会も増え続ける非合法移民には無関心で，国境警備隊の予算を削減したりした。他方，非合法労働者を雇った雇用者に対する制裁もなかった。こうした状況のもと，メキシコからの移民は，合法・非合法ともに高い比率となり，ブラセロ計画が廃止された後も続いた。変わったのは移民の法的地位だけであった（髙佐 1998:56-57；O'Neil 2013:34）。

　要するに，移民をめぐる米国とメキシコの関係は，単なる労働者の「受け入れ国」と「送り出し国」」のそれではない。1848 年のグアダルーペ・イダルゴ条約により，両国は「別々で，不平等であるものの，地理的要因により連結し，何世代ものメキシコ系米国人とメキシコ人移民によって結びついた 2 国民」（Foley 2014:11）という運命を共有した。以来，両国の間では，100 年以上にわたる公式・非公式の政策をつうじて「メキシコ人労働者と米国の雇用者の共生関係」（髙佐 1998:57）が構築されたのである。

2．1965 年移民法とその後のメキシコ人労働者の増大

　第二次世界大戦後，米国における移民に対する感情に少しずつ変化が起こり始めた。東欧・南欧諸国からの「新移民」の同化が進むに伴い，優生学に基づく 1920 年代の人種差別主義が影を潜める一方で，米国は自由な世界のリーダーとして自由主義理念に反する移民規制を軽減しようという考えも現れた。1952 年に「移民国籍法」が制定され，同法には，米国籍の取得方法から，外国人留学生，短期就労者，観光客の受け入れ，永住権の取得方法，さらに政治亡命者や難民の受け入れ方まで，多様な規定が含まれていた。しかし，当時の米国では移民排斥主義の伝統が根

強く，同法には，1924 年移民法の出身国別割当制度がそのまま残され
ていた（髙佐 1998:58；楠田 2016:42）。

　米国の移民政策の大きな転換点は，1965 年の「移民国籍法」の改正
であった。1960 年代に入ると，米国が「自由世界」の旗手として活動
したいなら，対外的にも白人でない人たちへの差別を止めなければなら
ないという議論が高まり，とくに黒人の公民権付与に積極的であった
ジョンソン大統領のもとで，1965 年の「移民国籍法」の改正がなされた。
同法の主要な内容は，1) 国籍別割当の廃止，2) 移民認可として申請制を
採用，3) 数的規制の対象とならないカテゴリーの設置，4) 半球別割当制
度の採用，5) 労働者としての移民へのビザ発行の条件の厳格化などであ
る。その内容から，「1952 年の移民法が冷戦を反映するものであったと
すれば，1965 年の移民法は公民権運動を反映するものであった」と評
されている（日本貿易振興会 2003:37-38）。

　さて，同法の規定の中でまず注目されるのは，出身国別割当制度やア
ジア人に対する移民制限に代わり単純な半球別割当制度が採用された
点である。東半球に対しては 1 国につき 2 万人という上限のもとで年間
17 万人まで移民が認められ，西半球に対しては，1968 年以降，1 国あた
りの制限なしに年間一律 21 万人までの移民が認められることになった。
（さらに 1978 年にはこのような区別も廃止され，世界一律で年間 29 万人に対し
てビザが認められることになった）。

　次に注目されるのは，「家族の再統合」という原則が重視された点で
ある。同法では，移民認可のカテゴリーとして，1) 米国市民の子供で
21 歳未満の未婚者，2) 永住権保持者の配偶者または未婚の子供，3) 米
国市民の子供で 21 歳以上の既婚者，4) 米国市民の兄弟姉妹が置かれ，
また，数的規制の対象とならないカテゴリーの 1 つに，米国市民の配偶
者，子供，両親が置かれた [1]。結局，同法のもとで，米国市民・定住外

国人の親族に優先的にビザが発給され，さらに直系家族の場合には割当
基準からも除外され，ほぼ自動的に入国が認められることになった。

　その結果，たとえ同法が意図したものではなかったとしても，ラテン
アメリカおよびアジアからの移民が急増することになった。その理由は，
ラテンアメリカ地域からの移民が1924年以降の出身国別割当制度から
除外されており，すでに米国内にラテンアメリカ系移民が数多く存在し，
彼らが家族優先制度を用いて自分達の家族を呼び寄せたからである。ま
た，アジア系移民の間では，すでに「移民国籍法」の家族優先制度によっ
て入国していた移民が自分たちの家族を呼び寄せ，さらにこれとは別に
ベトナム戦争に伴い1970・80年代に南東アジアから大量の難民の入国
が認められたため，その数が急増した（髙佐1998:58-59）。

　1965年の「移民国籍法」により，メキシコからの非合法移民も急増した。
その理由は，メキシコからの労働者の供給を目的としたブラセロ計画が
1964年に廃止されるとともに，それまで制限のなかった西半球からの
移民に新たに上限が設けられたからである。上限枠に収まりきらない労
働者は，過去長年にわたって続けてきた仕事に就こうとして，米国への
不法入国も重要な選択肢となった。また，メキシコ人労働者の間では，
米国への不法入国が国境管理当局から見逃されていたため，それが違法
行為であるという意識も希薄であった（髙佐1998:60）。

　ところで，1980年代に入ると，両国における移民をめぐる状況は大
きく変わった。メキシコにおいては，1982年の金融危機と「ペソ安」
に伴い，インフレーションが進行し，賃金が低下し，失業率が高まった。
その結果，地方からだけでなく都市からも労働者が仕事を求めて国境地
帯の織物や機械の工場に集まるようになり，多くの労働者はこれまでの
ルートにしたがって国境を超え，米国に入った。他方の米国では，レー
ガン政権のもとで景気が回復し，多くのメキシコ人労働者を受け入れた

（O'Neil 2013:35）。

　このように合法・非合法移民，とくにメキシコ人労働者が急増すると，1980 年代には，米国は国境をコントロールする力を失っているのではないかという懸念が表明され，反移民感情が高まった。この状況を受けて，1986 年に「移民改革統制法（Immigration Reform and Control Act : IRCA）」が制定された。同法では次の 3 点が規定された。1)1982 年 1 月 1 日以前から非合法移民として米国に滞在している人に対して定住申請を認め，彼らを合法化する。2) 非合法移民と知りながらその者を雇った雇用者を処罰する。3)「特別農業労働者プログラム（Special Agricultural Workers Program）」によって，少なくとも 90 日間農業分野で働いた人に対しては，一時的な定住権を認め，最終的には帰化申請を認める。

　このころから移民をめぐる議論には「移民管理を強化すべきか否か」という論点も現れ，1986 年「移民改革統制法」の審議は「移民管理強化」派と「不法移民への合法的地位付与」派の闘いの場となった。南西部州の農場（農家）の利益を代表する議員は，雇用者に対する処罰規定には反対したものの，雇用者に労働者の提出する書類の信愚性を確認する義務を課さないという了解で妥協が成立した。また，改正賛成派と反対派の間で，原則として不法移民の雇用を禁止するものの，4 年以上非合法移民として米国に滞在している者の定住申請を認め，「特別農業労働者プログラム」で一定期間働いた者の定住を認めるという妥協が成立した。こうして 1986 年の「移民改革統制法」が制定されることになったのである。

　その結果，非合法移民の合法化政策により，約 300 万人が「移民改革統制法」の 2 つの合法化プログラムに申請し，そのうち約 170 万人の申請者が一般的な合法化プログラムの要件を充たした。残りの 220 万人は「特別農業労働者プログラム」を通じて合法化を申請した。その結果，

40

この「合法化」規定自体が新たな不法移民を呼び寄せる結果になった。「特別農業労働者プログラム」によって移民労働者はさらに増加し，結局，1986年法は移民の流れにはほとんど影響しなかった（髙佐1998:60-61）。

さらに，1990年には，不法移民問題とは別に，脱工業化社会への変化に対応するため，専門的技能を有する移民の増加を目指す移民法改正が行われた。この改正により，年間総移民数が70万人に増加され，そのうち14万人がとくに高度な技能や職能を持つ移民に割り当てられることになった。また，分散化原則により，過去に移民が少なかった国に優先的にビザが認められるようになった。他方，1990年の移民法改正の主眼は経済問題であったにもかかわらず，「家族の再統合」は法律の中心的理念となり，家族関係の移民に対しては46万5,000（1995年以降は48万）のビザが発給され，その中でも直系家族が最優先されるものの，それ以外の家族にも最小限22万6,000のビザが確保されることになった（髙佐1998:61）。

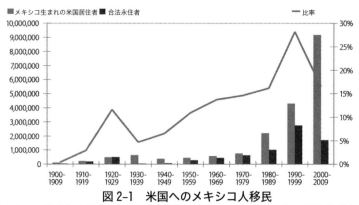

図2-1　米国へのメキシコ人移民

注）メキシコ生まれの米国居住者には，帰化市民（naturalized citizens），合法永住者（lawful permanent residents），非移民（nonimmigrants），非公認外国人（unauthorized aliens）が含まれている。
出典）（Rosenblum, Kandel, Seelke, and Wasem 2012:5）

これまで見てきたように，米国においては移民法が何度も変更され，

移民規制の原則も「外国人排斥型」から「家族重視型」,「専門職重視型」へと時代とともに大きく変わった。しかし,その過程において明示的に制限されず,むしろ現実においては米国の労働力需要に対応して優遇されてきたのが,メキシコからの移民労働者であった。**図2-1**は,1900年以降,十年ごとのメキシコ生まれの米国居住者数,合法永続者数とその比率の変遷を示したものである。メキシコ生まれ居住者の動き——1920・30年代に増加し,減少後,1980年以降に急増した——は,米国の政治経済におけるメキシコ人労働者の重要性と存在の大きさを示している。

　1980年代以降,メキシコ生まれの居住者が激増した結果,すでに1990年代から米国政府が国境管理を強化し始めたのは当然のことであった。たとえば,主要な国境管理強化プログラム——「ホールド・ザ・ライン（Hold the Line）」（テキサス州エルパソ市）,「ゲートキーパー（Gatekeeper）」（カリフォルニア州サンディエゴ市）,「セーフガード（Safeguard）」（アリゾナ州ノガレス市）,「リオ・グランデ（Rio Grande）」（テキサス州東南部）——のもとで,メキシコからの一時滞在者の流れを止めるために,何百万ドルもの資金がフェンス,ライト,監視カメラ,人員配置に支出されていたのである（O'Neil 2013:35）。

　メキシコからの労働者流入問題がうまく解決されないのは,グアダルーペ・イダルゴ条約が締結されて以降,両国の間で「メキシコ人労働者と米国の雇用者の共生関係」が成立しているからだけでなく,米国内では移民をめぐり雇用者と労働者の利害対立が存在したからである。雇用者は,工業化に伴い多くの安価な移民労働者を必要とし,国内の労働者は,安価な移民労働者が労働条件を悪化させるという理由でこれに反対した。1885年に連邦議会が欧州諸国からの移民を削減せよという労働組合の要求に対応して,「反外国人労働契約法」を制定したとき,こ

の法律は，労働者の間では，困窮した移民労働者と彼らを招いている"貧欲な資本家"に対抗するものとして高く評価された。しかし，実際には「移民の"黄金の流れ"を妨げないよう巧妙に制定されていた」ので，雇用者の間で同法は賞賛された。「米国人労働者をなだめる一方で移民労働力の供給は妨げないという政策のパターン」は，140年後の「移民改革統制法」の雇用者処罰規定においても繰り返されている。連邦議会は，非合法移民を規制するよう圧力を受ける一方で，雇用者の要求にもしたがわざるをえない。その結果，効果のある移民法を制定することができなかったのである（髙佐 1998:62; Wikipedia "Border Protection"）。

3．1990年代以降の移民法案をめぐる論争

　1990年に入ってからも不法移民が急増し，移民への悪感情が再び米国内に広がった。これに対応するために制定されたのが，1996年の「不法移民改革・移民責任法（Illegal Immigration Reform and Immigrant Responsibility Act of 1996:IIRIRA）」である。増え続ける不法滞在者に強い不満を覚えたテキサス州選出の共和党下院議員を長とする移民法小委員会が主導権をとり，上下両院に共和党が多数を占めた議会が「移民国籍法」を大きく見直した。1952年の「移民国籍法」に規定されていた移民への法的救済が大幅に削除され，多くの移民の収容が可能となり，また移民法違反を犯した移民への罰則が以前よりもさらに厳しくなった。また国外に追放された移民に関しては，過去にある種の犯罪歴があれば一生涯米国へ戻れないという罰則も新たに追加された。

　また，不法移民の流入を制限しようという「不法移民改革・移民責任法」の目的とは逆に，特定の資格保持者を移民として積極的に受け入れようとする法律も制定された。それはITブームによるコンピューター技術者の不足に対応する目的で，1998年に制定された「アメリカ競争力・

労働力改善法（The American Competitiveness and Workforce Improvement Act）」である。企業が一時的移民として米国に呼ぶことのできる熟練外国人労働者の数を増やすために，H-1B ビザが利用され，支給対象者の大半はインド人とされた。この数は，2000 年の法改正により 19 万人に引き上げられた（日本貿易振興会 2003：40-41）。

　その後，しばらくは米国経済が上向き，反移民気運も静まり，2001 年 9 月 6 日に，ブッシュ（子）大統領とメキシコのフォックス大統領が両国間での短期就労者プログラムを想定した移民法改革案について話し合いを始めた。しかし，9 月 11 日に米国を襲った同時多発テロ事件の結果，交渉は中断し，それに代わり国家安全保障やテロ対策に関する法律が相次いで可決され，移民法の執行がより強化されることになった。そして，2005 年以降，連邦議会では移民法改正に向けた動きが活発化したものの，各院内でまた上下両院間で合意が形成されず，オバマ政権が終わるまで，どのようなものであれ重要な移民法が制定されることはなかった。それを示す事例として，以下，3 法案の内容と審議過程を少し詳細に検討しよう。

　第 1 は，連邦下院の「国境保護・反テロ・非合法移民統制法案（Border Protection, Anti-terrorism, and Immigration Control Act）」である。この法案は，ジェームズ・センセンブレナー司法委員長（共和党）とピーター・キング国土安全保障委員長（共和党）によって提案され，下院本会議で 2005 年 12 月に 239-182 票で可決された（H.R.4437）。同法案の目的は，移民法の国内執行を強化し追加的国境安全保障措置を講じることにより不法移民に対処することにあり，共和党議員の 92％が賛成し，民主党議員の 82％が反対したという点で，典型的な政党対決法案であった。その主要な内容は，1) 移民法の執行（連邦移民法違反の処罰化，不法移民の「重罪」化，自発的国外退去期間の短縮など），2) 国境の安全保障（国土安全保障省の

財源と権限の強化, 国境に 1,120 キロメートルに及ぶ二重フェンスの設置など),
3) 職場執行と雇用者証明 (雇用者に労働者の法的地位を電磁手段で証明する
ことの義務づけ, 過去に雇用した労働者の再証明の義務づけなど) であった
(NCSLa)。

　連邦上院では, 下院案に対応する「包括的移民改革法 (Comprehensive
Immigration Reform Act)」が翌 2006 年 5 月に 62-36 票で可決された (S.2611)。
その主要な内容は, 1) 国境管理の強化, 2) 州政府への法執行費用の支出,
3) 新しい短期労働者プログラムの創設, 4) 不法移民に合法的地位を付与
する手続きの考案などである。とくに不法移民に合法的地位を付与する
手続きは, 5 年以上米国に滞在している不法移民は科料と未納税金を支
払うことにより市民権を申請することができる, 2 年から 5 年米国に滞
在している不法移民は引き続き 3 年間米国に留まることができ, 出国 3
年後に市民権を申請することができる, とされた (NCSLb)。このように
両法案の内容の差異が大きかった結果, 両院は法案を一本化することが
できなかった。

　第 2 は, 連邦上院の「安全国境・経済機会・移民改革法 (Secure Border,
Economic Opportunity, and Immigration Reform of 2007)」である。連邦上院では,
2007 年 5 月に「安全国境・経済機会・移民改革法」が提案された (S.1348)。
これはエドワード・ケネディ (民主党), ジョン・マケイン (共和党), アー
レン・スペクター (民主党, 一時共和党に移り, 再び民主党) ら有力上院議
員が提案したにもかかわらず廃案になった 3 法案を取りまとめたもの
で, その主要な内容は, 1) 国境警備の強化, 2) 雇用主の責任強化, 3) 短
期労働者プログラムの創設, 4)1,200 万人いると推定される移民に法的
地位と市民権を得る手段の付与, 5) 移民を社会に同化させる政策の実施
などであった。事実上の超党派法案であったものの, ブッシュ (子) 大
統領も同法案への支持を表明した。

　しかし，同法案は多くの陣営から批判された。経営者は移民労働者に依存せざるをえないため不法移民の合法化に賛成の立場であるものの，経営者による雇用労働者の政府データベースとの照合の義務づけに反対した。反対派は，制度改革を不法移民に恩赦を与えるものと批判し，国境警備と密入国取り締まりを強化するという説明には，効果が期待できないと反対した。アメリカ労働総同盟（AFL-CIO）系の労働組合は，賃金の引き下げを恐れ，制度改革に反対の立場をとった。しかし，国際サービス労組，縫製・繊維労組・ホテル・レストラン従業員組合は，短期労働者プログラムに反対しつつも，不法移民の合法化には賛成であった。結局，同法案は 6 月 28 日に上院本会議で，46 対 53 票で否決された。党派別賛否内訳は，共和党が反対 37，賛成 12 であり，民主党が反対 16，賛成 34 であった（労働政策研究・研修機構 2007）。

　第 3 は，連邦上院の「国境安全・経済機会・移民現代化法案（Border Security, Economic Opportunity, and Immigration Modernization Act)」である。連邦上院では 2013 年 4 月に 8 議員が超党派で「国境安全・経済機会・移民現代化法案」を提出し，同法案は 6 月に本会議において 68 対 36 票で可決された（S.744）。その主要な内容は，1) 国土安全保障省による国境警備強化計画の議会提出の義務付け，2) 国内法執行強化，不法入国者訴追に関する連邦政府と州・市の連携強化，3) 雇用資格の検証と職場における法執行の強化という「移民管理強化」の部分と，4) 不法滞在者の合法化，5) 移民ビザ獲得手続きの簡素化，抽選方式と米国成人市民の兄弟姉妹に関する移民ビザの削除，6) 非移民ビザの増加，外国人労働者の権利拡大と保護強化，7) 人道的救済手段の拡大という「不法移民への合法的地位付与」の部分からなっていた。しかも，4) ～ 7) の合法化プログラムは「国境・国内警備強化プログラムが 90％程度成功したことを国土安全保障省が証明できた場合にのみ実施される」という条件が付けられていた

（楠田 2016:45-47）。

　同法案は，超党派の上院議員によって提案されただけでなく，途中か
らオバマ大統領もその提案に支持を表明した。内容においては，「移民
管理強化」と「不法移民への合法的地位付与」という2つの政策立場の
両立を意図し，「国境・国内警備強化プログラムの90％程度成功」とい
う条件は「不法移民への合法的地位付与」反対派に対する譲歩であった。
実際にも有力共和党議員の支持をえるためにこの条件が追加されたと言
われている。

　しかし，連邦下院では状況が異なり，審議も迅速には進まなかった。
国境警備，国内法執行強化，オンライン就労資格検証システム（E-verify
system）使用の義務付け，農業労働者システムの改革，高度技術者の受
け入れなどの点では議員の間に大きな反対はなく，商業会議所，農業団
体，労働組合などとの間でも合意に向けた交渉が進められていた。しか
し，不法移民に市民権獲得の道を開くことは多くの共和党議員にとって
「嫌悪の対象（anathema）」であり，この点で合意を形成することは困難
であった。また，立法作業にもまとまりがなかった。超党派議員グルー
プと共和党議員グループが別々に法案作成に関わり，両グループは異な
る移民制度を目指した。しかも困ったことに，夏季休暇後，下院指導部
（共和党）はシリア問題や連邦政府債務上限引き上げ問題に忙殺され，法
案の取りまとめに動くことはできなかった。そして，2013年10月の「16
日間の政府閉鎖」により，共和党と民主党，議会とホワイトハウスの間
で対立が深まり，共和党内でも緊張が高まった。結局，下院では上院可
決法案に対応する法案を準備することができず，上院の「国境安全・経
済機会・移民現代化法」は廃案にならざるをえなかった（Chishti and Hips-
man 2014）。

　すでにみたように，米国において効果的な移民法が制定されない理由

は，雇用者と労働者の間に大きな利害対立があり，連邦議会は雇用者と労働者の両者を（ある程度）満足させるような妥協政策を考案しなければならないことにある。1990 〜 2010 年代の移民法改正の事例を見ると，さらに「移民管理強化」という調整可能な争点だけではなく「不法移民への合法的地位付与」は認められないという原則に関わる争点も出現している。まさにこれは，米国における制度的な多数派形成の難しさだけではなく，2000 年以降の政治の分極化，それを象徴する分割政府の存在という政治的な要因が，連邦議会における効果的な移民法の制定を妨げていると言うことができる。

　このように連邦議会が「国境安全・経済機会・移民現代化法」を可決することができなかった結果，オバマ政権は行政命令をつうじて移民問題の解決を目指さざるをえなくなった。

　オバマ政権は，まず 2012 年 6 月に，大統領命令により「幼児不法入国者送還猶予（Deferred Action for Childhood Arrivals：DACA）」プログラムを開始した。これは，子供の時に米国に不法入国した若い移民に対して 2 年間の退強制執行猶予期間を与え，その間に雇用資格を与えるというプログラムである。猶予を受けた者は，2 年の有効期間が終了した後にも，これを更新することができる[2]。このプラグラムが実施されたのは 2012 年 6 月 15 日で，移民局のデータによると 2012 年から 2014 年までの 2 年間で 64 万 2,685 件の申請書が受理され，そのうち 86％に上る 55 万 3,197 件が承認された。申請者の国籍は，メキシコが 77％，エルサルバドル 3.7％，グアテマラが 2.4％, ホンジュラスが 2.3％となっている（楠田 2016:47-48）。

　オバマ政権は，第 2 に，2014 年の中間選挙で共和党が勝利し，同党が連邦議会両院で過半数の議席を獲得した後，国土安全保障省に同省による訴追者の裁量権行使に関する覚書を送った。その内容には，米国市

民権また永住権を持つ子供の親の身柄拘束，収容，送還という移民法執行を猶予すること，優先順位をつけて身柄拘束，収容，送還の対象となる移民のグループ分け[3]をすることが含まれていた。この覚書により，米国全土の移民法執行官に対して上記の優先グループから外れる外国人は不法滞在者であっても身柄拘束，収容，及び送還審判への訴追をしないようにという指示が出された（楠田 2016:48-49）。

4．トランプ政権の対メキシコ移民政策：「アメリカファースト型」移民政策

　トランプ政権の対メキシコ移民政策は，2017 年 1 月 25 日に彼が署名した大統領令——13767 号：国境安全保障と移民法執行の改善と 13768 号：国内における公的安全の強化——に基づいて実施されている。その後の多くの大統領令も含めると，政策は次の 3 つに大別されるであろう。

　第 1 は，国境管理対策を強化したことである。壁の建設は 1 月の大統領令で明示され，連邦議会では 7 月に壁の建設予算 16 億ドルを含む 7,900 億ドルの歳出法案を可決された。以来，予算の増額と壁の建設は進んでいない。不法移民の取り締まりは少しずつ強化されている。1 月の大統領令には「適用可能な連邦法を順守しない自治体は連邦資金を受け取ることができない」という規定があり，一般に「聖域都市（sanctuary city）」と称される都市と州——1980 年代に移民の増加に対応し，移民保護的な政策を採用するようになった自治体[4]——から抗議が起こった。多くの「聖域」自治体は大統領令に反対し，たとえばサンフランシスコ市は連邦裁判所に補助金停止措置への異議を申し立てた（吉野 2018:57-58）。連邦地方裁判所は 4 月に大統領令を差し止める決定を下し，それが米国全土に適用されたものの，訴訟が相次ぎ，この問題は解決されなかった。

　また移民キャラバンという想定外の出来事に，トランプ政権は厳格な

姿勢をとった。2018 年夏，ホンジュラスなどの中米諸国から米国境を目指して北上する数千人規模のキャラバンが出現した。11 月 8 日，トランプ政権はキャラバンの米国入国を防ぐため，メキシコと接する南部国境から検問所を通らずに不法に国境を越えた移民は難民資格を申請することができないという新ルールをまとめた大統領令に署名した。これは訴訟事件に発展したものの，連邦最高裁判所は 2019 年 9 月 11 日，合憲性を問う訴訟の判決が出るまで，トランプ政権が中米からの移民がメキシコ国境で難民申請するのを制限する新規則を施行することを有効とする判断を示した（前嶋 2021:150）。

　第 2 は，新しい移民法制定を試みたことである。2017 年春から，連邦下院ではトランプ政権の意向を受けた立法作業がなされ始めた。たとえば，移民国境安全小委員会副委員長ラウル・ラブラドール（共和党）と下院司法委員長ボブ・グッドラッテ（共和党）が提出した「ディビス＝オリバー法案（The Davis-Oliver Bill）」が 5 月 24 日に下院司法委員会で承認された（H.R.2431）。主要な内容は，1) 移民関税執行局に 1 万人の捜査官，2,500 人の拘留担当官，60 人の検事を増員する，2) 地方移民取り締まり担当者が連邦法に従う移民法規を制定し強制する権限を与える，3) 合法であると否とを問わず，犯罪集団に関係する移民を国外退去にすることができる，4) 国外退去手続きに協力しない国を処罰する，である。

　また，連邦上院では 8 月 3 日にトム・コットン（共和党）とデイビッド・パーデュー（共和党）が「強い経済のためのアメリカ移民制度改革法案（Reforming American Immigration for a Strong Economy：RAISE）」を提出した。その主要な内容は，1)2027 年までの 10 年間に永住権（グリーンカード）発給数を年間 100 万人から 50 万人に削減する，2) 永住権配分にポイント制（教育，英語能力，年齢，成果などを数値化）を導入する，3) 従来の家族優先枠を廃止し，本人の配偶者と未成年の子供だけに資格を与える，4)

永住権抽選制度（visa diversity lottery）を廃止する，5) 難民永住権枠を年間 5 万人に限定する，などであった（吉野 2018:58-61）[5]。しかし，これらの法案は共和党議員の間でも批判が多く，両院では審議や投票などそれに続く立法作業は行われなかった。

第 3 は，DACA を廃止しようとしたことである。トランプ大統領は 2017 年 9 月に，「子供たちを罰することを支持しないものの，・・・われわれは，法律を守る国民であるがゆえに機会の国民であることを認めなければならない」と述べて，オバマ大統領が開始した「幼児不法入国者送還猶予措置」を大統領令で廃止した。その結果，対象者には 2018 年 3 月 5 日まで約 6 か月間の猶予期間が与えられたものの，それ以降は，有効期限が切れると同時に個々の申請者は不法滞在者となることになった。

トランプ大統領の決定は，多くの反対意見を呼び起こした。15 州とワシントン DC が DACA 廃止の取り消しを求めて，連邦裁判所に提訴した。また，外国人労働者を雇用するシリコンバレーの IT 企業が抗議集会を開催し，全米の大学も対象となる学生の保護を強く打ち出した。このような反対に直面して，トランプ大統領は連邦議会に対して，移民制限とメキシコとの国境に壁を建設することを盛り込むという条件で，2018 年 1 月以降も若年移民を保護する法案が制定されれば，同法案を支持すると表明したものの，その後，連邦議会における立法作業は進まなかった（前嶋 2021:148-149;NPR 2017）。また，2020 年 6 月 18 日，連邦最高裁判所は，「トランプ政権は猶予措置制度を廃止する理由を十分に説明しておらず，廃止の判断は連邦行政手続法に違反する」とした下級裁判所の判断を支持した。しかし，トランプ政権は新規の申請を認めようとしなかった（Alvarez and Sands 2020）。

それでは，トランプ政権のこのような対メキシコ移民対策は，米国の

長い移民法改革の歴史の中でどのように位置づけることができるのであろうか。

　単純化しすぎるという批判を恐れずに言うと，これまでの米国における移民および移民法改革をめぐる主張は次のよう分類することができるであろう。

　1) 米国経済のためには安い労働力が必要であり，外国人労働者を受け入れるべきである。

　2) 米国人労働者の賃金や労働条件の低下につながる可能性があるので，外国人労働者の受け入れを制限すべきである。

　3) 不法移民の急増に直面し，米国政府は移民管理に責任を持つべきである。

　4) 米国の技術発展を促進するために，外国人専門家を受け入れる必要がある。

　5) 移民の認定は法律に従い厳格に行うべきである（安易に不法移民に合法的地位を与えるべきではない）。

　6) 人道的見地から，より柔軟かつ積極的に不法移民に合法的地位を獲得する機会を与えるべきである。

　1) と 2) は従来から存在する雇用者・労働組合の主張である。3) は1990年代以降に国民一般の間に普及した主張，4) は同時期に専門家の間で受け入れられた主張である。そして，5) は保守派に有力な主張であり，6) はリベラル派に有力な主張である。

　これまでの移民法改革の動きとそれをめぐる議論，トランプ政権の政策対応から判断すると，トランプ政権は 1) ～ 5) までの主張をいわば「アメリカファースト型」移民政策に統合し，一気に移民問題を解決しようとしたとみなすことができる。これを理解する上できわめて重要なのが，トランプが2016年の共和党全国大会の前の6月9日に公表した「ア

メリカを再び強くする移民改革（Immigration Reform That Will Make America Great Again）」である。そこでは移民政策改革のコア原則として次の3点が挙げられている。

原則1. 国境を持たない国（a nation）は国（a nation）ではない。南部国境沿いに壁がなければならない。

原則2. 法律のない国は国ではない。米国憲法上の統治システムに従って可決された法律が執行されなければならない。

原則3. 市民に奉仕しない国は国ではない。いかなる移民政策も全米国人の雇用，賃金，安全を向上させなければならない。

これらの3原則が提示された後で，それぞれについて次のような具体的な提案が列挙されている。

原則1にかかわる提案「1) メキシコに壁の費用を支払わせる」：何年もの間，メキシコのリーダーは，不法移民を用いることにより，米国を利用してきた。米国が支払うコストに含まれるのは，納税者による医療・住宅・教育・福祉費用の支払い，黒人労働者の雇用喪失，深刻な犯罪被害である。しかも，メキシコは，貿易から数十億ドルを稼ぐだけでなく，不法移民に本国に何十億ドルもの送金をさせている。メキシコが壁の建設費用を支払うべきである。メキシコが支払うまで，米国はメキシコ系移民による本国への送金を没収し，企業経営者・外交官への一時ビザの手数料，国境越境カードの手数料，メキシコからの北米自由貿易協定（North American Free Trade Agreement）労働ビザの手数料などを引き上げる。

原則2にかかわる提案「2) 合衆国の法律と憲法を擁護する」：法治国家である限り，米国は偉大である。次のステップが，米国民に法の安全をもたらす。国土安全保障省の移民関税執行局（ICE）の職員数を3倍にする。犯罪を犯した外国人を強制送還する。不法移民を拘留する。「聖域」都市への連邦補助金の支出を停止する。ビザ期限切れ滞在者の罰則

を強化する。不法移民の取り締まりでは地方ギャング取締部隊と協力する。(合衆国憲法第14修正に明記された) 出生地主義市民権を廃止する。

　原則3にかかわる提案「3) 米国の労働者を優先する」：これまでの貿易および移民政策が，米国の中産階級の崩壊を導いた。外国人労働者が流入することにより，賃金が低く抑えられ，とくに黒人とヒスパニックの雇用が失われた。賃金を引き上げ，若者に職を与え，マイノリティを中産階級に上昇させ，移民をアメリカンドリームの1つにするために，新しい低賃金労働者の入国を制限する必要がある。H-1ビザ(専門職ビザ)保有者の賃金を引き上げる。米国人労働者を最初に雇用することを義務づける。福祉の悪用を終わらせる。J-1ビザ（交流訪問者ビザ）を廃止し，都市内部に居住する若者の雇用プログラムを促進する。親のいない米国人の子供のための保護プログラムを拡充する。移民受け入れの規模を抑え，移民受け入れのスピードを遅らせる。

　詳細に検討すると，ここにはまさに「6) 人道的見地から，より柔軟かつ積極的に不法移民に合法的地位を獲得する機会を与える」以外のほぼすべて盛り込まれている。

　「アメリカファースト型」移民政策が念頭においていたのが雇用者，労働組合，白人労働者などの従来型の政治アクターであり，過去志向であるのは，本章で述べたとおりであり，さらに，この政策がトランプ大統領の岩盤的支持基盤を構成していた＜グローバリゼーションの中で救済されず，現状に不満と怒りを持つ「白人労働者」＞に受け入れられ，大きな支持を受けてきたことは，すでに多くの研究によって明らかにされている。

　移民政策の内容には，さまざまな議論や評価がありうる。しかし，米国においては，1965年の「移民国籍法」の改正以降，どのようなものであれ体系的な移民法が制定されてはいない。また，連邦議会内の対立

や思惑により，移民政策全体が真剣に議論されなることもなかった。こうした点を考えると，トランプ政権の「アメリカファースト型」移民政策は，それなりの意味を持っている。

注

1 移民認可のこれ以外のカテゴリーには，1)「例外的な能力」を持つ専門家，科学者，芸術家，2)米国では労働者が不足している職種の熟練・未熟練労働者，3)難民がある。また，数的規制の対象とならないもう1つのカテゴリーに「特別移民」があり，これには，ある種の宗教関係者（牧師），米国政府の海外事務所の従業員，何らかの理由で市民権を失った人，医学生などが含まれる。

2 DACAプログラムの猶予を受けるには，次の7条件を満たすことが必要である。1) DACAの申請書提出時に15歳以上であること，2)2012年6月15日時点で31歳未満であること，3) 米国入国時に16歳未満であったこと，4) 米国に2007年の6月15日から現在まで継続的に居住していることを証明できること，5)2012年6月15日，および，DACA申請書提出時に米国国内に存在することを証明できること，6)2012年6月15日前に米国へ不法入国した者，もしくは2012年6月15日時点でビザの有効期間を超えて滞在する者，申請書提出時に学校に在学している，もしくは高校卒業資格を持つ者，また米国軍隊から名誉除隊した者，かつ7) 重罪判決，重大な軽罪，3回以上軽罪の有罪判決を受けていない者，もしくは国家安全保障や公共の安全に脅威を及ぼさない者（楠田 2016:45-47）。

3 法執行の第1優先グループは，国土安全保障，公共の安全，および国境警備に脅威を及ぼす移民として，テロリスト，スパイ行為者，米国に不法入国時に逮捕された者，凶悪な犯罪グループに所属する者，重罪判決を受けた者が含まれる。第2優先グループには，交通違反の罪を除く軽罪判決を3回以上受けた者，またDVや性犯罪，銃器所持法違反，麻薬違法取引や酒酔い運転など「重大な軽罪」として国土安全保障省が指定した犯罪の有罪判決を受けた者，アメリカに不法入国後国内で身柄拘束された際，2014年1月1日前から継続して米国内に住んでいることを立証できない者，及びビザやビザ免除プログラムの悪用者などが含まれる。第3優先グループは2014年1月1日以降に送還命令を受けた者である（楠田 2016:45-47）。

4 移民研究センターによれば，2017年8月25日現在，カリフォルニア，コネチカット，ニューメキシコ，コロラドの4州，ワシントンDC（首都ワシントン），23州における165の都市と郡が「聖域」自治体とみなされている。これらの自治体では，関係当局が移民税関執行局の拘留命令に従うことを拒みまたは禁止し，拘留命令の受け入れに過度の条件を課したり，拘留された外国人に移民関税執行局係官が面接するのを禁止したりすることにより，移民関税法の執行を妨害し犯罪者を執行局から保護する法律・条例・規制を持っている（吉野 2018:58）。

5 ディビス＝オリバー法案は，当時の大統領上級顧問・ホワイトハウス首席戦略官スティーブ・バノンの考えを色濃く反映していた。8月2日に提出された「強い経済のためのアメリカ移民制度改革法案」は再提出されたものであり，それにはバ

ノンと大統領上級顧問（政策担当）スティーブン・ミラーの支援があった（吉野
2018:58-59,60）。

引用参考文献

Alvarez, Priscilla and Geneva Sands 2020 "Trump administration to review DACA and reject new applications,"（https://edition.cnn.com/2020/07/28/politics/daca-trump-administration/index.html）.

Chishti, Muzaffar and Faye Hipsman 2014 "Policy Beat: U.S. Immigration Reform Didn't Happen in 2013; Will 2014 Be the Year?"（https://www.migrationpolicy.org/article/us-immigration-reform-didnt-happen-2013-will-2014-be-year）.

Foley, Neil 2014 "Mexicans in the Making of America," Belknap Press of Harvard University Press.

Gonzalez, Juan 2011 "Harvest of Empire: A History of Latinos in America," Revised Ed., Penguin Books.

NCSLa "Immigrant Policy Project: Border Protection, Antiterrorism and Illegal Immigration Control Act of 2005 | H.R. 4437"（https://www.ncsl.org/research/immigration/comprehensive-immigrationreform-act-of-2006-summ.aspx）.

NCSLb "Immigrant Policy: Comprehensive Immigration Reform Act of 2006 S.2611"（https://www.ncsl.org/research/immigration/comprehensive-immigrationreform-act-of-2006-summ.aspx）.

NPR 2017 "Trump Ends DACA, Calls On Congress To Act"（https://www.npr.org/2017/09/05/546423550/trump-signals-end-to-daca-calls-on-congress-to-act）.

O'Neil, Shannon K. 2013 "Two Nations Indivisible: Mexico, the United States, and the Road Ahead," Oxford University Press.

Rosenblum, Marc R., William A. Kandel, Clare Ribando Seelke, and Ruth Ellen Wasem 2012 "CRS Report for Congress Mexican Migration to the United States: Policy and Trends," Congressionul Resesrch Service.

Wong, Tom K. 2017 "The Politics of Immigration: Partisanship, Demographic Change, and National Identity," Oxford University Press.

Wikipedia "Border Protection, Anti-terrorism and Illegal Immigration Control Act of 2005,"（https://en.wikipedia.org/wiki/Border_Protection,_Anti-terrorism_and_Illegal_Immigration_Control_Act_of_2005）

楠田弘子 2016「アメリカ移民法の破綻と改革への課題」『比較法学』50 巻 2 号.

髙佐智美 1998「アメリカにおける移民法政策の変遷」『一橋論叢』第 119 巻第 1 号.

日本貿易振興会 2003「米国の移民」（https://www.jetro.go.jp/ext_images/jfile/report/05000661/05000661_001_BUP_0.pdf）.

前嶋和弘 2021「トランプ政権の移民政策：ヒスパニック系移民に対する対応を中心に」『科研費研究成果報告書：「想像の共同体 MexAmerica の構築をめぐる米墨の相克』.

吉野孝 2018「トランプ政権の新移民政策とその効果」『ワセダアジアレビュー』No.20.

労働政策研究・研修機構 2007「米国上院、包括的移民制度改革法案を否決―その経緯と背景」（https://www.jil.go.jp/foreign/jihou/2007_8/america_01.html）.

第3章　メキシコ政府の新しい対米移民政策：想像の共同体構想

山﨑　眞次

1．はじめに

　1980年代までメキシコ政府の移民政策は，米国の政治的経済的圧力を回避しつつ，領事館を介して在米自国民の権利を保護することであった。だが，第一世界入りを公約として大統領選に臨んだカルロス・サリーナスは，当選後市場原理主義に依拠する新自由主義経済を標榜し，移民政策でも新機軸を打ち出した。サリーナスが着手した「非合法移民の合法化」，「移民の人権擁護」，「国境での安全保障」を骨子とする移民政策はセディージョ政権，フォックス政権，カルデロン政権によっても継承された。このようにメキシコ政府は1990年代からそれまで消極的だった対米移民政策を徐々に積極的政策に転じ始めた。

　メキシコは1997年に憲法を改正し，「二重国籍法」を承認した。2006年には在外投票制度が導入され，メキシコ系移民が本国の大統領選に投票できるようになった。政府は米国在住の同胞との政治的精神的結びつきを強めようとしている。在米メキシコ系移民を国民の一部と見なし，メキシコ本国とメキシコ系移民は一体であるとする「想像の共同体構想」（**図3-1**）を創り上げようとしているのではないかと推測する。

　一方，メキシコの新移民構想に対する米国人の反発は強い。Samuel Huntington が Who are We?（2004）で主張したように，メキシコ系移民の増加は米国文化の伝統的価値観への脅威と映る。そして米国の連邦政府

58

と州政府は移民対策に関する合意形成ができず，対応に苦慮している。本章では，まず 19 世紀から現代までのメキシコの移民政策の変遷について論述する。そして昨今のメキシコ政府の対米消極的外交（物言わぬ）から積極的外交（物言う）への転換は「想像の共同体構想」に依拠するという仮説を提示するものである。

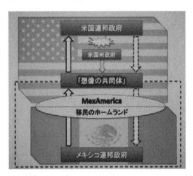

図 3-1　想像の共同体と米墨の相克（安井清峰作）

2．メキシコ移民法の推移と理念

（1）19 世紀前半

スペイン王室は植民地時代末期からカリフォルニア沿岸に出没するロシア艦隊，テキサス東部から侵入する米国人に脅威を覚え，北部の植民と移民に関する議論を重ねていた。1821 年，王室はスペイン人と外国人による植民を促進する目的で，メキシコの北部過疎地帯の土地を分配する法律をカトリックに改宗するという条件付きで可決した。だが同法は，米国人がテキサスのような国境地帯に移住することを容認する際，警戒を怠ることのないようにと付言している（Hann 1966:160-161）[1]。

当時のラテンアメリカの政治指導者や知識人は，欧米からの移民を受け入れ，新興国家の政治的安定と経済的発展を促す計画を思い描いていた。ラテンアメリカの解放者，ベネズエラのシモン・ボリバルは，その

思いを次のように語っている。「ヨーロッパと北アメリカ（米国）移民
のこの地への定住を振興し，彼らの技術と科学を取り入れるべきであ
る。独立した政府，自由な学校，ヨーロッパ人・アングロサクソン系米
国人との婚姻から生じる恩恵は，民族の性格を変え，民族を啓発し，繁
栄に導くであろう」（Carrera 1957:600）。独立直後のメキシコ政府は，軍が
駐留する砦と宣教師が運営する伝道村を利用する植民地時代の古いシス
テムにより，国内移民を促進するプランを描いていたが，ほとんど実行
に移されなかった。新政府の自由主義者たちは，砦は先住民を文明化す
る事業を企画するだけの能力がなく，また伝道村が植民事業に適切な機
関であるとは考えなかった。彼らが従来の植民システムに否定的だった
のは，宗主国スペインの政治的専横，経済的搾取，カトリックの不寛容
性に強い不信感を抱いていたからである。最良の手段は外国人の移民で
あった。野蛮な先住民は勤勉なヨーロッパ移民家族と触れ合えば，労働
に勤しみ，精力的で熟練した北部人が生まれると考えた。優良な移民を
導入することに関しては自由主義者と保守主義者という党派の区別な
く，賛同が得られた。技術に優れた外国人は経済発展を促し，社会を進
歩させ，国土防衛を担うことができると見なされたからである。ラテン
アメリカの新興諸国は独立直後から外国人移民導入による新国家の発展
計画に血道を上げた。カレラはこの現象を"移民狂騒"と呼び，この傾
向は 20 世紀初頭まで続いた（Carrera 1957:609）。資本と経営手腕を持つ外
国人は，スペインの富裕階級を代替する人材であった。自由主義者たち
が最初に目を付けたのが米国人である。米国の領土の拡張と経済的活力
は目を見張るものがあり，新興国メキシコは発展モデルとして米国の多
くの面を取り入れようとした。米国が容易に移民を受け入れ，多様な分
野で大きな利点——領土の拡張，経済的多様性，羨望すべき政治的安定
への到達——を生み出していたからである（Berninger 1974:26）。スペイン

から独立後，約600万人のメキシコ人がまばらに拡散し，北はカリフォ
ルニアから南はグアテマラまでの国土に住んでいた。内務大臣のホセ・
マヌエル・デ・エレラは，独立翌年の1822年の報告書で，人口の増加
は政府の第一義的目的の1つであると述べ，移民の導入に積極的であっ
た。その一方で，米国への警戒心をスペイン王室と同様に解いていない。
メキシコ外務省諮問委員会は，「北部地方を植民することは先住民の統
合を期待できるが，北部辺境地帯の脅威はアングロサクソン系米国人で
あって，先住民ではない」と報告している。米国の人口は1830年には
1,300万人に達し，多くの移民が西に向かった。米国人のテキサスへの
移民を放置することは危険であった。テキサスへの移民は賢明で，勤勉
で，英国嫌いで，敬虔なカトリックであるアイルランド人が好ましく，
2番目がドイツ人であり，これら2つの非ラテン民族は第3の民族（米
国人）の影響から保護してくれると，諮問委員会は述べている（Berninger
1974:28-30）。

　1823年，約3,000人の米国人が非合法的にテキサスに侵入し，200名
の兵力では侵入者を追放することはできなかった。非合法的地位の彼ら
に合法的地位を付与して，彼らの忠誠心を得るほうが政府にとって得策
だった。1824年8月の移民法では，外国人入植者に土地，安全，4年間
の免税を保証したが，国境から20リーグ（1リーグは約4.8キロメートル）
以内と海岸から10リーグ以内の土地の所有は認められなかった。また
個人は11リーグ平方（約115平方キロメートル）以上の土地の所有を禁じ
られた。この1824年移民法採決にあたり，自由主義者が提案した大土
地所有者が保有する広大な荒無地を移民に分配する案は，大土地所有
制を維持したい保守派の重鎮ルーカス・アラマンによって却下された。
国家には分配するに足る十分な土地が存在するという理由からである。
1825年，外国人による土地の大量取得が問題視され，帰化外国人以外

への不動産取得を禁止する議案が可決された。1828 年の移民法は資本
を持ち寄る外国人移民は地域の発展に貢献するという観点から，外国人
移民の不動産取得に関してより緩やかなものになった。1830 年の "4 月
6 日法" には反移民条項が盛り込まれたが，大統領のサンタアナはこの
反移民条項を 1834 年 5 月に無効にした。さらに 1842 年，サンタアナは
外国人の不動産取得を禁止する 1825 年移民法を無効にした。その理由
として，人口と国富の増大は新しい政治方針の成果であり，外国人が土
地を購入することによってメキシコ人同様に彼らも国家を防衛すること
になり，国家はより安全を享受できるからと，述べている。1820 年か
ら 1830 年にかけての 10 年間，連邦・州議会は移民に関する法律をいく
つも可決し，移民が入国する機会と安住する権利促進に貢献した。これ
らの法律は米墨戦争まで効力を有した[2]。そして 1846 年 9 月，外国人帰
化法が発令された。この法律はローマ法が定めた外国人の移民権と市民
権を獲得する権利 jus migrandi に依拠して，メキシコではじめて制定さ
れた移民法である（García Castillo 2012:13）。

（2）米墨戦争後

　メキシコは米墨戦争（1846-48 年）で大敗後，国の立て直しを図り，
1856 年に憲法制定会議を開催した。この制憲議会では，移民に関する
案件は直接の議論の対象ではなかった。移民関連の問題や移民の数を討
論するのに十分な時間と機会がなかったからである。制憲会議で問題と
なったのは，第 15 条の宗教的寛容性であった。保守派は，自由主義者
の宗教的寛容性は外国人移民を促進するには不可欠な条件であるという
主張を無視した。保守派はプロテスタントの移民は国に同化しない傾
向があり，メキシコ国民は宗教的寛容性を望んでいないと主張し，第
15 条を否決した。勧業省大臣マヌエル・シリシオは「1857 年の備忘録」
で宗教的寛容性について言及することなく，穏健な移民論を展開し，荒

無地に移民を入植させ，耕作させることの重要性を説いた。彼はテキサ
ス植民失敗の原因は，かの地がメキシコ市から遠隔地にあったこと，テ
キサス市民はほとんど米国人だったことが結びついて不幸な結果になっ
たと，述懐している。そして国家は，入植者を援助する財政的措置と社
会の安寧を維持することに専念すべきであり，外国人移民とメキシコ
人両者で構成されるコロニーを形成することを提案した。シリシオは
1856年，ドイツ人，フランス人，イタリア人とメキシコ人が共存する
コロニーをヌエボレオン州，タマウリパス州，ベラクルス州，ドゥラン
ゴ州に建設することを試みようとしたが，財源不足と不安定な社会情勢
によって頓挫した（Berninger 1974:173-176）。シリシオにはメキシコの恵ま
れた気候と豊かな資源は外国人移民を引き付けるという目算があったの
であろう。メキシコ政府は米墨戦争後も米国人を除く外国人移民導入に
積極的であり，勤勉で熟練した外国人の協力を得て国の安定と発展を図
ろうとした。

　ポルフィリオ・ディアス独裁政権下（1876-1911年），道路網と鉄道網
の拡大や電信設備の敷設により，国内はもとより米国・西欧との運輸と
通商が容易となった。その結果，外国人の国内企業への参入や資本投下
が促進された。それに伴い，移民に対する法整備も積極的に進められた。
「個人の自由」に基づく外国人の出入国の自由化や帰化を謳った移民法
が1886年に成立した。その一方で，鉄道建設，鉱山での採掘，プラン
テーション農業に従事したアジア人，とくに中国人移民に対する風当
たりは強く，疫病予防の観点から中国人移民を排除しようとした。1908
年の移民法には単純労働者，身体障害者，疾病者を排除する差別的文言
が列記されている。ディアス政権の30年間は「自由移民時代」と呼ばれ，
その移民政策は米国人の進出を警戒しヨーロッパ人を優先する「選別的」
傾向が強かった[3]。

（3）20 世紀

　ディアス独裁政権を打倒したメキシコ革命後に制定された 1917 年憲法 27 条では外国人の不動産取得に厳しい制限が設けられた。27 条成立の背景には新しく樹立された革命政権を承認しない米国政府への不信感があった。メキシコ政府が，米国人をはじめ外国人がメキシコ国内に所有する石油会社の利権継続を容認しなかったために，米国はメキシコ石油の売買の妨害や軍の派兵を仄めかすなど，政治的経済的にメキシコに圧力をかけ，メキシコの内政にあからさまに干渉した。この国家承認問題で米国に翻弄されたメキシコ政府は，当時の外務大臣ヘナロ・エストラダが「内政不干渉，紛争の平和的解決，民族自決，国際法遵守」を唱えた。このエストラダ・ドクトリンは，メキシコが欧米列強と比して軍事的・政治的に脆弱な国家であるという観点から発せられたもので，メキシコの対米国への消極的外交姿勢を決定することになった。

　1926 年の移民法は，単純労働者の流入はメキシコ人労働者の仕事を奪い，労働者階級の地位向上を阻害する観点から非熟練労働者の入国を制限した。しかし，同法は領事館が移民サービスの補助的機関であることを最初に明記した点で画期的であった。1930 年の移民法は，観光客の移民の地位への転換を禁止し，公共衛生の観点から健康で，労働に耐え，品行方正で，出身民族に固執せず同化意識の高い移民を推奨した。1936 年の国民統括法（LGP）は，国家は天然資源に恵まれてはいるが，人口が不足しており，外国からの干渉に対抗する国民の定着が必要であるというビジョンを掲げた。具体的には人口増加，国内の合理的人口配分，民族的融合，外国人の同化政策によるメスティーソの強化，一般国民と先住民の雇用確保，経済活動従事者・専門家・芸術家・知識人の保護，役人の移民迫害禁止を規定した（Palma 2006:70）。

　複数の革命政党が集約されて結成された制度的革命党（PRI）は，真

のメキシコ民族はメスティーソと先住民とし，それまでの白人中心主義を表向きは否定した。PRI は制限的かつ選別的移民政策のもと[4]，移民の同化を図った。1926 年，1930 年，1936 年の移民法の理念と精神はその後，エチェベリア大統領が公布した 1974 年の国民統括法（LGP）まで，メキシコ移民法の基本的方針として継承された。しかし例外もあり，民族，言語，文化に共通性があるラテンアメリカ出身の移民は同化性が高いという理由から優先的に受け入れられた（Bobes y Pardo 2016:32）。

　メキシコは 1970 年以降，国内の人口爆発，内戦下のグアテマラとエルサルバドルからの難民の流入，中米人の米国への通過，ヨーロッパからの技術者の殺到，自国民の米国への移民などの諸問題に対処しなければならなくなった。1974 年，1936 年の国民統括法（LGP）が改正され，実質的に移民流入へ歯止めを設け，従来の制限的，管理的，選別的，保護主義的理念が厳格化された。その骨子は，公平な参加機会を付与された国民が，社会的経済的発展を享受する権利を推進する一方で，人口に影響を与える移民現象を規制することである。健全な身体と善良な精神を有し，同化意欲があり，国内雇用の障害とならない移民を奨励した。内務省に帰属する出入国管理局が移民業務を担当し，入国，滞在，自主的出国の管理に重点を置き，外国人の強制退去も管轄した。外国人は，合法的な移民（Immigrado）のステイタスを獲得するまで 5 年間，メキシコに居住し，外国人国家登録所に登録しなければならなかった。非合法移民は裁判なしに国外追放され，公文書偽造は罰金または投獄の罪に問われた（山﨑 2016:98-99）。

　1980 年代に入ると，メキシコは未曾有の経済危機に陥り，それまで継続されてきた伝統的ナショナリズムの維持が困難となった。1982 年に大統領に就任したミゲル・デラ・マドリーと 1988 年就任の後継者カルロス・サリーナスはネオリベラルな経済政策に舵を切り，伝統的な輸

入代替工業化政策を転換した。市場原理主義が標榜され，均衡財政，公
共サービスの縮小，規制緩和，公共事業の民営化が促進され，その結果，
共同農地エヒードや銀行の私有化，外国人の投資を制限していた憲法
27条が修正された。そして1994年に米国，カナダ，メキシコ3か国に
よる北米自由貿易協定（NAFTA）が締結された。NAFTA締結以降，移
民政策はそれまでの外国人移民の制限・選別と同時にメキシコ人の米国
への正規の労働力の供給と在外メキシコ人コミュニティとの連帯が強調
され，1997年に憲法30，32，37条が改正され，メキシコ人の二重国籍
が容認された（Bobes y Pardo 2016:36）。

　一方メキシコの移民政策の変化は，人権擁護の姿勢にも明確に現れ
た。1970年代にアルゼンチン，チリ，ウルグアイで次々に軍事クーデ
タが起こり，官僚主義的権威主義体制が生まれた。これら3国の軍政は
非合法的手段で徹底的に反政府勢力を弾圧し，多数の死者や行方不明者
を出した。多くの政治家，知識人，ジャーナリスト，労働者が身の安全
を確保するため国外へ亡命した。それら亡命者を主に受け入れたのがメ
キシコである。同時期に中米諸国からも大量の人々が内戦を逃れ，メキ
シコと米国を目指した。メキシコ政府はこれら亡命者や避難民を人権擁
護の立場から保護するために1980年，難民支援メキシコ委員会（COMAR）
を設置し，1982年には国連難民高等弁務官事務所（UNHCR）がメキシ
コ市に開設された。

（4）21世紀

　しかし，1974年に制定された改正国民統括法（LGP）の施行によって，
グアテマラ国境でメキシコの移民官による中米人に対する搾取，不正，
暴力等の人権蹂躙が相次ぎ，中米諸国や米国からメキシコ政府へ再三抗
議がなされるようになった。そのような抗議に対応して，2008年4月，
遅ればせながらメキシコ議会は合法的ビザを所持しない入国者に対す

る重犯罪罰則を廃止することを可決し，投獄を罰金刑に軽減した。2010年9月，合法，非合法移民を問わず，人権侵害のケースを報告する権利，また医療処置を受ける権利が保障された。違反者が告発された場合は30日の停職か解雇に処することが決定された（山﨑 2016:99）。

　現在メキシコの移民政策を決定するのは内務省である。内務省は新たに2011年から移民政策の見直しに着手した。移民政策の基本は，上質の移民を迎え入れることにより経済の繁栄と文化的多様性を促進しつつ，同時に国家の安全・発展と国家統合を推進することである。メキシコ政府は，移民は送り出し国と受け入れ国双方にとってポジティブなものという見解を持ち，米国からの帰還移民の技術・経験・活力や在米移民コミュニティの存在に注目している。だがその移民政策は国家の安全や繁栄を目的としただけのものではない。2013年の理念と提言には，1980年に設置された難民支援メキシコ委員会（COMAR）の精神が継続され，外国人の人権擁護の視点から脆弱な立場にある移民の庇護と組織犯罪やメキシコ官憲からの搾取からの保護が謳われている。また，2012年に「移民保護大綱」を制定し，移民の中でもとくに社会的弱者である児童，妊婦，高齢者，身障者，犯罪の犠牲者の保護，研修や帰国手続きを明記している。そしてグアテマラとの南部国境を越境し，米国を最終目的地としてメキシコ国内を縦断する中米移民が，21世紀に入り増加したことを懸念している。国境地帯には50か所近い通関手続き所があるが，通関手続きには常にリスクが伴う。越境する移民に対して移民官・警察官・軍人が職権を乱用した賄賂の受領や暴力事件が多発し，甚だしい人権蹂躙が行われているからである。警戒すべき相手は他にも存在する。正規の通関所以外に非合法な抜け道があり，そのような場所では非合法的越境者を搾取しようとする犯罪組織が待ち構えている。彼らは移民たちから金品を強奪し，暴行を加え，麻薬犯罪に巻き込む。このため

政府は「南部国境統合プログラム」(PIFS) を 2014 年に策定し，チアパス，カンペチェ，キンタナロー，タバスコの南部諸州を越境する人々の安全の確保と人権擁護に努め，組織犯罪と戦いつつ，同時に国境地帯の国防を強化している。2018 年に中米 3 国（ホンジュラス，エルサルバドル，グアテマラ）からの移民キャラバンが耳目を集めたが，メキシコ政府はそれ以前から非合法移民の動向を把握し，人権的配慮を勘案したことがわかる。だが，法の支配は予算と人員不足のため実効性に問題があることも認識している（山﨑 2020:68）。

3．積極的外交戦略（物言う戦略）

（1）新方針

　メキシコの対米外交方針は，1980 年代末まで在米自国民の権利保護と米国の政治的経済的圧力をかわすことから成立していた。その方針は 2 国間関係の緊張を回避し，領事館を介して自国民を保護しながら，在米メキシコ人コミュニティとの関係促進することに主眼が置かれた。この対米外交姿勢は 20 世紀初頭に宣言されたエストラダ・ドクトリンの消極的外交姿勢の継続を意味する。さらに遡れば，米墨戦争の大敗の後遺症が 20 世紀末までメキシコ国民を悩ましてきたと言える。つまり，メキシコ政府は米国に対しておよそ 150 年間，慎重な外交方針から抜け出せなかったと言えるのである。

　だが 1990 年代に入ると，それまで米国の外交方針にほぼ言いなりだったメキシコ政府は徐々に自国の移民外交方針を積極的に示し始めた。その理由は 3 つあり，1 つは，メキシコが米国，カナダと 1994 年に北米自由貿易協定（2018 年 USMCA に名称変更）を締結し，隣国と経済的結びつきが強化され，新たな経済圏が構築されたことによって，貿易や労働力の分野でメキシコの発言力が高まり，2 国間の緊密な協力関係が必要に

なったからである。また2つ目の理由は米国政府が，増え続ける非合法移民を減らすにはメキシコ政府の協力が不可欠なことを認識したからである。3番目の理由として，国境周辺で暗躍する麻薬組織を両国で共同して撲滅する必要性に迫られたからである。両国は移民の管理と国境警備，合法的永住者ビザシステム，一時的労働者プログラム，非合法移民の合法化プログラムを通じて移民問題を解決しようと模索している（山﨑 2016:88）。

（2）米墨移民交渉

1970年代のメキシコの移民政策は国内の雇用状況を緩和するために合法，非合法を問わず移民が米国へ出国することを容認していた。国民の不満を逸らすために移民を「安全弁」として利用していた。これは「政治化しない政治戦略」と呼ばれているが，アルバは「この政治戦略のメリットを挙げるとすれば，他国の内政には干渉しないというメキシコの外交政策の原則が反映され，熟慮された外交姿勢が米国に評価される点であろうか」（Alba 1999:16-17）と皮肉を込めて語っている。1977年8月，米国大統領ジミー・カーターは，メキシコ人の非合法移民は両国の国内問題ではなく国際的なものであるから，2国間で社会経済的観点から移民の数を決定すべきであると主張し，基本的4つの手段——a. 国境管理，b. 企業への罰則，c. 移民の地位調整，d.5年間労働の特別許可——を提案した。だが「メキシコ政府は市民の移住に関して簡明な政策を形成する可視的な努力を行っていない」（Bustamante 1979:198-199,204）とメキシコ政府の消極的態度を非難している。

ブラセロ計画（1942-1964）が終了した翌年の1965年から米国の移民改革管理法（IRCA）制定の1986年まで，メキシコの移民政策に実質的変更はない。「政治化しない戦略」には，1) 米国政治における急激な変化の予防と移民の流れの維持，2) 移民の権利の擁護という2つの目的が

あった。メキシコ議会の議論で強調された点は，国民の国外流失を回避するために国内での雇用創出と米国議会で移民問題について議論されている抑圧的かつ非能率的手段を告発することであり，また，非合法移民問題を根本的に解決することであった。この時期の米国からの国外追放者の数は，増加傾向にあった。追放者の数は1974-1975年の2年間平均で70万人であったが，1985年，125万人に上昇した。メキシコの労働環境を考えれば南から北への人の移動は不可避であった。IRCAは200万人以上の非合法メキシコ人移民の合法化というダイナミックな措置を取ったが，法制定以降の非合法的越境に対しては厳格な方針を打ち出した。この変更は循環型移民パターンの切断を意味した。メキシコは自己規制を強いられてきた伝統的不干渉主義から脱却し，新たな第1歩を踏み出さざるをえなくなった。IRCA成立が領事館による非合法移民の庇護を前面に押し出すプロジェクト開始の端緒となったのである（Délano 2014:184）。両国参加の「移民と領事館事項に関する業務グループ」が1987年に発足し，移民イシューに関して共同で調査した。1993年には「国境関連メカニズム」が創設され，国外退去者に関する調整，合法的移民手続きの簡素化，情報の交換，密輸対策等が硬直的官僚のパイプに依存せず，新たな取り組みによって迅速に着手された。循環型移民パターンの継続は公的議論のテーマでなくなり，暗黙的なものに変わった。議会では，メキシコは2国間協定を推進するという意味で，積極的な姿勢を採用すべきであるという意見が出された。ガルシア・イ・グリエゴは「もし過去において『政治化しない戦略』のバランスが有益であったとしても，昨今この戦略を支持し続ける基盤は風化しつつある。米国におけるメキシコ系移民労働者の権利侵害，領事館による保護拡大の必要性，移民政策の新しい形態等の反復的に喚起された問いに対して，メキシコ政府は当然回答する必要がある」（García y Verea Campos 1988:147-148）と述べ

ている。

（3）サリーナスとセディージョ政権

メキシコ人の移民政策は，NAFTA によって強い影響を受けた。この協定は 2 国間関係を根本的に変えた。80 年代，距離ある隣人であったが，90 年代，サリーナス政権とブッシュ政権は両国を「友人間の新しい合意」関係へと変化させた。友人間の国境を超えた統合と協力という目標が掲げられた。メキシコと米国間の伝統的距離感は経済的接近ばかりか政治的接近へ方向転換された（Alba 1999:25）。メキシコの対外政策のスタイルはより積極的となり，より集中的な 2 国間協議が実施されるようになった。またサリーナス政権は在米メキシコ系同郷者協会(hometown associatins: 以下，HTAs と略す）の指導者たちとの連携を深めるために 1990年，「在外メキシコ人コミュニティ・プログラム」（PCME）を設立した（Verea Campos, Fernández de Castro y Weintraub 1998:120-121）。過去の「政治化しない戦略」は，新指針の「対話の戦略」に変わったのである。この戦略の転換は，セディージョ政権で加速化された（Alba 1999:18-20）。

同政権は 1994 年，カリフォルニア州の住民投票で可決された非合法移民への公的サービス提供を禁じる「提案 187 号」に対して，断固たる反対を公式に発表している。非合法移民に対する緊急時を除く医療サービス禁止と児童への公共教育の禁止を主張する「提案 187 号」はメキシコの伝統的不干渉主義を再考させるきっかけとなった。また，1996 年 4月，セディージョは，ワシントン DC の在米メキシコ大使を介して米国政府に，カリフォルニアのリバーサイドで郡保安官が 3 人のメキシコ人を殴打した事件に対し，強い遺憾の意を伝えた。メディアは「リバーサイド事件」をメキシコ国内で大々的に報道し，国民の米国への怒りに火をつけた。この事件以降, メキシコの報道機関は「対話は最大の武器ある」という表現を使用するようになった。これは険悪化する移民問題に立ち

向かうための当時の戦略を明白に示したものである（Cronología de Política Exterior de México 1996:203-204）。国境の両側で，移民現象の拡大に関して協定の効果を相対化する必要があった。NAFTA 協定交渉過程で移民に関する対話は控えられたが，両国の経済的統合プロジェクトの考えは共有された。米国は移民の継続を許容する条件を模索するメキシコの伝統的目標を理解した。新しく合意された対話の政治はセディージョ政権の特徴となった。この政権は諮問，議論，決定の調整また矛盾点の解決のために対話のメカニズムを強化した。これらの手続きと行動は NAFTA 精神と呼ばれている（Alba 1999:28）。クリントンは 1996 年，移民の流入によって脅かされる国境の安全を保障できなければ，共和党が非合法移民問題を盾に取り自陣を攻撃するのではないかという懸念を抱いていたが，最終的にはセディージョ政権と共通の利害である安全保障について 2 国間協力に同意した（Verea Campos, Fernández de Castro y Weintraub 1998:210-211）。1997 年，メキシコで両国大統領（セディージョとクリントン）によって採択された共同コミュニケでは「領事館による移民保護，移民の人権擁護，人身売買との戦い」が宣言された。メキシコは政治化しない戦略（不干渉戦略）に別れを告げた。対話戦略は和解を誘発し矛盾を解決するのに価値があるからである。セディージョ政権の経済的安定と民主化への動きは，過去の消極的な民族的論理の脱却を意味した（Alba 1999:30）。

（4）フォックス政権

　70 年余の PRI 権威主義体制を覆し大統領に就任したフォックス（2000-2006）は，従来の"不干渉外交"の原則を変更し，移民政策においてより果断な姿勢を示した[5]。外務大臣のホルヘ・カスタニェーダは「権威主義体制の終焉によって二重の効果があった。民主主義の確立と防衛的外交姿勢の放棄である。フォックスの勝利は開かれた外交を可能とし，外国との新しい対話を開始する端緒となった」と語っている（Délano

2014:243)。2001 年 2 月，フォックスは「われわれは，信頼と相互的尊敬の精神で，必要なときにはいつでも友人として会談することに合意した。」というフォックス・ブッシュ会談の共同コミュニケ（グアナフアト提案）を発表し，次のように続けた。「2001 年発足した米国の新政権は，我が国の特権的地位の確立の可能性を開いたので，両国は強力で多面的な 2 国間関係のイシューを推進する視点を再構築するであろう。しかし両国は複雑で多様な関係を持つが故に，米国のメキシコへの感情は過つことがある」[6]。フォックスは，そのような米国の否定的認識の影響に対応するために，ロビー活動を含む公的キャンペーンを実行すべきであると強く主張した。21 世紀，米国におけるメキシコ系移民の存在感は明白で，フォックスとブッシュ政権間で幾度も会合が重ねられ，移民イシューの包括的交渉へのコミットメントがなされた。両国は包括的移民合意——非合法移民の合法化，永住ビザの増加，ゲストワーカープログラムの確立，新国境安全戦略の形成，メキシコ経済の発展——について交渉することを決定した。新移民政策の合意達成へ向けた動きは，米墨間の特別な関係構築の基本路線となった。ブッシュ政権は，セディージョ・クリントン間で合意された新移民政策を継続し，外交政策での成功とラテン票の獲得に大きな関心を示した。ブッシュは，伝統的反移民スタンスから離れ，共和党への投票を獲得する戦略としてラテンイシューに関心を持った。だが 9.11 の同時多発テロ勃発以降，米墨両国間で新たな移民交渉は極めて困難になった。移民は国家安全というレンズを通して考察されるようになり，米国はテロ対策に他国がいかに協力できるかというスタンダードを友邦の条件とした（Leiken 2001）。

　NAFTA の交渉過程では，自由貿易に精通したサリーナス政権のテクノラート・チームの手腕によってロビー活動では成功を収めた。自由貿易は移民圧力を低減するという予測から，移民は協議事項から外された

が，両国間の相互依存関係が合意されたことにより，移民イシューについても協力拡大の必要性が認識された。しかし，フォックス政権は移民政策に関しては米国議会が果たす役割に関する理解が不足していたために，移民イシューは貿易テーマとは異なることを理解できなかった。メキシコ政府にはいかに目的に到達するかという細かいキャンペーン戦略がなかったし，このプロセスに奉仕できるメキシコの制度設計に関する指示もなかった。政府は 9・11 以前に 1,100 万ドルの予算を移民テーマに費やしたが，9・11 事件によって米政府が移民問題より国家の安全保障対策に優先順位を変更したことにより，米墨両国の包括的移民協定締結は暗礁に乗り上げた（Ferrer Silva 2008:26）。

4．「在外メキシコ人機関」(IME) の役割：HTAs との連携

　メキシコ側から米国在住移民組織への積極的な働きかけは，サリーナス政権（1988-1994）のときに始まり，「在外メキシコ人コミュニティ・プログラム」（PCME）が 1990 年，内務省に設置された。PCME は外務省の指導のもと，米国におけるメキシコ系移民との長期にわたる関係を一層拡大し，発展させるための機関である。その目的の 1 つは，メキシコ系移民リーダーとの関係構築とラテン系組織との連帯である。大統領選や州知事選，あるいは地方自治体での選挙では，ラテン系市民の投票は当落の命運を握る場合がある。とくに大統領選挙においてはスイング・ステイトで勝敗を左右するグループになる。ラテン選挙・指名民族協会（NALEO）は，民主党と共和党から勧誘されている 920 万人の選挙民を抱えると公表した。2000 年，フォックスはメキシコのビジネス業界への投資を促進する目的で「在外メキシコ人のための大統領室（OPME）」を設置したが，HTAs の要求に応えられず，OPME と外務省との間にた

びたび争いが起こった（Méndez Lugo 2016:4)）。

　そこで 2003 年，領事館業務を効率化するために OPME と PCME は統合され，「在外メキシコ人機関」（IME）が創設された。IME は米国とカナダに設けられた 56 の領事館(総領事館と領事館)で活動している。スタッフは外務省で採用され，移民コミュニティが直面する問題の解決に当たる。世界には，メキシコ人によって設立された約 1,200 の HTAs が存在し，その 95％は米国の 30 州にある。IME はそれらの在外メキシコ人コミュニティの存続・強化に貢献している。

　「国家発展計画 1994-2000」に包含されているプログラム「メキシコ国民」の目的は，HTAs やその構成員との文化的絆や政治的連帯を強化することである。このアイデアはセディージョ政権(1994-2000)で生まれた。1997 年に成立した「メキシコ国籍非喪失法」（二重国籍取得法）は，その鍵となった法律の 1 つである。この法律成立によって何百万人の在米メキシコ人が米国市民となることが可能となった。メキシコ国籍を失うことなく米国の市民権を獲得し，米国における政治的経済的社会的発言力が高まるのである。憲法 30，32，37 条の改正によって市民権を獲得した在外移民は，メキシコ国籍を放棄する必要がなくなった。こうしてメキシコ国家は在外移民を介してその国境を含む地域を超えることができる。法学者であり裁判官の Romero Zazueta は「国土は国民の立場を確立するものであり，その存在を強化するが，国民を決定するものではない。メキシコ国籍非喪失法は，生来の国籍を放棄することなく，独自に他の国籍,市民権,居住権を取得することを可能にする」と述べている（Méndez Lugo 2016 :3)。

　セディージョ政権で駐米大使館ヒスパニック部門を担当し，その後フォックス政権（2000-2006）で IME 局長を務めた外交官 Carlos González Gutiérrez は，政府が HTAs との連帯を促進するにあたり重要な 3 点：1)

HTAs との接点となる，2)HTAs によって決定された指針のプラットホームとなる，3) 国家と HTAs との組織的，建設的，開かれた対話を促進する（Ferrer Silva 2008:35-36）を挙げ，IME に帰属する諮問評議会とコミニティのリーダーとの対話の促進と非合法移民を組み込むコミュニティ組織創設の実現を目指した。2011 年に駐米大使に昇格したゴンサレス・グティエレスは，20 本以上の外交に関する論文を執筆している。彼は，「国家とディアスポラは国家主権の外に国際的空間を持つ。それはその国境を失い，領土が消えることではなく，特別の境界において特別の目的を有する民族的コミュニティとして外の領域にいる他者と選別的に協力することである。メキシコ政府はかつて軍事的敗北によって国土の過半を喪失したが，失った地域の文化的影響力まで低下したとは考えていない」（González Guitiérrez 1999:549）と在米同胞との連帯は国境を超え，新たなメキシコの影響下にある文化圏を創り上げると考えている。ゴンサレス・グティエレスはさらに「ユダヤ民族は，起源の地イスラエルへの絶え間ない回帰願望を抱く中で，自民族の存在を正当化するイデオロギーを発展させてきた。しかしメキシコ人にはユダヤ人が抱くほどのトラウマ的な故郷喪失感はない」（González Guitiérrez 1999:549）と語っている。150 年以上前に米国に北半分を奪われたことは事実だが，残り半分の領土を保持し，そこで国民国家を発展させ，米国とは異なるラテン文化を育むことができたからである。メキシコ政府の外交官であるゴンサレス・グティエレスの意図は，隣国の同胞との文化的絆の構築に留まらず，政治的経済的繋がりまでも内包したものではなかろうか。

　カルデロン政権（2006-2012）は「国家発展計画 2006-2012」を立案し，この計画の中で在外メキシコ人への接近や連携を図る外交政策も継承した。カルデロンは，米国との外交交渉基盤を強化するために，オアハカ州の先住民出身の移民，Cándido Morales Rosas を IME の局長に任命した。

新局長は，帰還する同胞の受け入れに責任を持ち，低いコストと税金で
事業を軌道に乗せることが可能な環境の生成に尽力し，自営業者育成に
力を入れた。インフォーマル経済がフォーマル経済に支配され従属し，
国の技術的近代化とダイナミックな発展を阻害していると，実感してい
たからである（Méndez Lugo 2016:4）。

5．在外メキシコ人機関 (IME) の機能

(1) 移民へのサポート

　メキシコ政府は，IME を介して在米移民に教育，医療，低コスト送
金レート情報を提供して，移民の生活向上と米国社会への定着を援助す
る。IME は米国での移民の社会的統合において最も重要な役割を果た
す機関の1つである。メキシコ系移民，とくに非合法移民は低教育レベ
ル，英語能力不足，医療サービスの欠如，低賃金，非保険の未熟練労働
者として米国社会の周縁者と位置付けられ，多くは米国社会の安全ネッ
トの外にいる。化学薬品工場，ビル建設現場，下水処理施設，スーパー
や病院の清掃作業等，所謂 3K 労働に主に従事している。IME が移民の
社会的統合を手助けし，米国での成功に貢献すれば，成功した移民は米
国で苦闘している移民に希望と活力を与えるという相乗効果が生まれる
（Laglagaron 2010:1）。IME はプログラムの遂行機関であるが，大抵の場合，
適切な政府機関との調整的役割を担う。IME の方針は，従来の移民と
の制約的関係を，メキシコ政府と移民間の公的関係を育成する機関を創
設することによって恒常的なものに転換することである。IME は 2015
年，全米の領事館 47 か所に設置され，諮問評議会を介する2国間市民
連動モデルの創設，児童の学力向上のためのスペイン語による分析・調
査，成人の適切な遠隔学習指導，非合法移民用の医療ステーションの設
置，銀行を合法的に利用することを奨励する金融教育ワークショップ等

で成果を上げている。エクアドル，ボリビア，ウルグアイ，パラグア
イはメキシコを，移民サービス提供方法のモデルと見ている（Laglagaron
2010:2）。移民の統合は受け入れ国の仕事だが，送り出し国であるメキシ
コ政府主導の統合構想はユニークであり，メキシコは米国市民が受ける
恩恵とのギャップを埋めようとしているのである（Laglagaron 2010:3）。メ
キシコ領事館は外交的圧力と介入によって自国民の権利と利益を守って
いる。領事館スタッフは，パスポートや各種証明書を発給することによっ
て，メキシコ人の身分を証明しようとする。それらの証明書の中でも特
筆すべきは，領事館証明書（matrícula consular）[7] の発給である。領事館証
明書を提示すれば，金融機関や警察署等で身分を証明することができ，
非合法移民の身分証明に大きく貢献している。また 2004 年 12 月には，
越境すべきではない場所，砂漠での脱水症状への注意，米国で逮捕され
た時の処し方，ビザなしでの暮らし方等を記した 32 ページの小冊子，「移
民ガイド」を発行し，法的庇護から除外された非合法移民を保護しよう
としている（Watanabe 2008:46-47）。メキシコ政府は，学術的交流にも力を
入れ，米国生まれのメキシコ系学生に奨学金を給付し，メキシコでメキ
シコ文化を学ばせ，高い見識と技術をもった学生が将来，米国でビジネ
ス機会を開拓することを企図している。また，米国における文化センター
の設立に尽力し，米国図書館にスペイン語の書籍を配布している。

（2）銀行利用

　また IME は移民からの送金にも力を入れ，その促進策を以下のよう
に掲げている。1) 金融サービスへのアクセスを奨励する。2) 安い送金料
金の選択肢の情報を広める。3) 移民からの送金を基金にして投資を 4 倍
にする「3x1 プログラム」を実施する。4) 質の高い起業家移民の知識と
経験を生かしたプロジェクトを立ち上げ，メキシコ企業へ投資したり，
メキシコ企業のパートナーとなってもらう。2008 年度の在米メキシコ

系移民からの本国への送金額は 260 億ドルとなり，この金額は GDP の
3％に当たる。IME のスタッフは金融サービスを行わないが，金融や経
済サービスを提供するメキシコ関係省庁との調整的機能を果たす。2004
年の連邦収入調査によれば，小切手や預金口座を所有しないメキシコ系
移民世帯主は 53％に上る（白人世帯は 14％，アジア人世帯は 20％，他のラ
テン系世帯は 37％）。その結果，メキシコ系移民は送金手数料の支払い，
小切手使用，家や車のローン審査で問題を抱えている。また通常現金で
保管しているために盗難に遭いやすい。そのような障害を取り除き，彼
らがわかりやすく銀行を利用できるようにヴィデオを作成して銀行使用
の重要性を喚起している。IME は銀行口座開設の際に前述の領事館証
明書を身分証明書の代替措置として受け入れるように各銀行と折衝した
結果，現在 400 の金融機関が領事館証明書を公式な ID として承認して
いる（Laglagaron,2010:31-32）。

6．おわりに

　米墨の移民史を紐解くと，興味深い現象に気づく。19 世紀前半には
米国人が合法的・非合法的にメキシコ領に侵入と移住を繰り返し，20
世紀に入ると今度はメキシコ人が米国領に同様の移住活動を行ってい
る。過去 200 年の両国の紆余曲折した移民史を振り返ると，移民イシュー
は一朝一夕に解決できるほど単純な問題ではない。

　米国とメキシコは，非対称的関係にある。世界最大の軍事力と経済力
を誇る超大国と陸続きで隣接している中進国メキシコの悲哀に関しては
これまで幾度となく語られてきた。米国の影響力は経済力，軍事力ばか
りではない。米国の外交力もメキシコを脅かしてきた。後者は前者によっ
て侵略され，内政干渉されてきた苦い過去を持つ。現在，両国間に領土

問題は存在しないが，移民問題は依然として顕在である。恒常的失業や低賃金に悩まされてきたメキシコ人は，越境して自国より高い賃金を提供する米国の農場，鉱山，工場での労働を選択した。典型的なプル・プッシュ理論の成立である。一方，米国も隣国の安い労働力のおかげで経済発展の恩恵を受けてきた。その意味では両国はギブアンドテイクの関係である。米国は，経済と人権の観点から一方的にメキシコからの非合法移民を責めることはできない事情がある。近年，メキシコ政府は長年の消極的外交姿勢から積極的外交戦略に転じ，在外メキシコ系移民が創設したHTAsと協力して米国におけるメキシコの存在感を高めようとしている。この「想像の共同体」とも呼べる構想がメキシコの存在感を高めていることは否定できない。

　2018年に大統領に就任したロペス・オブラドールは，19世紀初頭のスペインからの独立，19世紀半ばのベニト・フアレスの改革，20世紀初頭のメキシコ革命を継承する「第4の変革」を新政権のテーゼとして掲げ，政治家や公務員の汚職と不処罰の撲滅を宣言した。その理念は，移民政策にも反映されている。2018年に発表された「国家発展計画2019-2024」には米国，中米諸国と協力して移民問題を解決することが提起されている。問題解決には，経済的刺激と地方発展によって不平等と貧困の緩和が提言されている。また人種差別と排外主義を厳しく非難し，人権の保護を謳っている。ロペス・オブラドール政権は，不干渉主義を基軸にして米国政府には弾力的に対処しながら，一方で移民発生のメカニズムを勘考して中米移民抑制のために中米3か国との統合的開発プランを重視している[8]。同政権にとって移民イシューは米国に越境する自国民だけの問題ではなく，メキシコを縦断して米国に移住しようとする中米の人々への対応の問題でもある。メキシコ政府は，2018年に発生した中米3か国出身者によるメキシコ縦断移民キャラバンへの対

応に苦慮した。米墨国境に難民キャンプ，難民シェルター，医療センターが設置され，官民一体となった難民支援が行われたが，財源・人員不足に国境の自治体は悲鳴を上げた。中米人の移民問題は喫緊に対応すべき懸案となっている。しかし，現実はさらに厳しい様相を呈している。難民支援メキシコ委員会（COMAR）のデータ（2017）によれば，それまでほとんど申請がなかったベネズエラ人 4,042 名，キューバ人 796 名，ハイチ人 436 名が難民申請を行っている。つまりメキシコは中米からの移民だけではなく，カリブ海諸国からの移民・難民をも受け入れなければならなくなっているのである。北中米・カリブ海諸国の移民問題を解決するためには，米国，メキシコ，中米諸国，カリブ海諸国がまず国家の治安を維持して，持続可能な地域経済圏を構築し，雇用を安定させることが肝要であろう。また，ラテンアメリカの地域的問題としてみるのではなく，世界共通の人の移動という観点から捉え，国連や米州機構（OEA）といった国際的舞台で十分に討議し，世界レベルでの関与が必要であろう。

注

1 バンクロフトは，「がさつなサクソンの息子たちが山脈を越えてやってきた。移民は技術，蒸気船をもたらし，忌まわしい乗り合い馬車は静かな牧場と眠たげな人々に物乞いと詐欺師を運んできた」と歓迎されざる外国人移民のことを描写している (Bancroft 2012:270)。

2 しかし，移民法が厳格に施行されたわけではない。たとえば 1835 年，コアウイラ・テキサス州は，移民は国境から 20 リーグ離れて居住するという条項を無視し，禁止区域への入植を認可した (Berninger 1974:42-47)。

3 ディアス政権の思惑は外れ，開拓や投資を期待されたヨーロッパ人移民の来墨者数はそれほど多くはなかった。欧州人には成功の機会が多い米国やアルゼンチンのほうが魅力的であった（Salazar Anaya 2009:58）。

4 サラサル・アナヤは革命期の移民政策を第 1 期（1911-30）：穏健的制限主義と第 2 期（1931-46）：厳格的制限主義（カルデナスとアビラ・カマチョ政権時代を除く）に分けている (Salazar Anaya 2009:68)。

5 両国によって設置された「米墨移民グループ」の報告書（2001）は，メキシコの出生率は漸次的に低下しているので，15 年後か 20 年後には移民の流入も減少し，米

国の需要とメキシコ人労働者の供給が 2 国間合意によって均衡化し，移民流入の危機は回避されると，述べている（Délano 2014:247）。

6 米国との外交交渉における重要な 3 点が提案されている：1) 米国を知悉したキャリアから構成されるチームを在外サービス部内に創設する。2) 米国議会とメキシコ大使館を連携する事務所を強化する。3) メキシコ政府は米国との交渉で要求事項を明白に決定する（Ferrer Silva 2008:10-11）。

7 領事館証明書の取得に必要な書類はメキシコの出生証明書，顔写真つき身分証明書，米国の居住証明書の 3 点である。顔写真付き身分証明書は運転免許書，在外選挙権登録書，徴兵証明書，小中高の身分証明書のうちいずれかを提出すればよい。居住を証明する書類は，光熱費や電話料金の領収書，賃貸契約書，納税証明書，車両保有証明書のうちいずれかを提出すればよい。手数料は 27 ドルである。

8 ロペス・オブラドール政権は具体的な解決策として中米地域における経済発展統合計画を提案した。この計画はインフラを整備して，企業を誘致し雇用を促進することによって危機的状況にある中米 3 国に経済特区を創設することである。この計画には，米国，該当する中米諸国，国連ラテンアメリカ・カリブ経済委員会（CEPAL）が支持を表明している。この経済特区建設とは別途，エルサルバドルのマイブ・ブケレ大統領に 2 万人雇用を目指す 5 万ヘクタール「植林計画」を提案し，3,000 万ドルを供与する協定を結んだ。

引用参考文献

Alba, Francisco 1999 "La política migratoria mexicana después de IRCA" (https://estudiosdemograficosyurbanos. colmex.mx, 最終閲覧日：2021 年 7 月 10 日).

Bancroft, Hubert H 2012 "California Pastoral 1769-1848," Forgotten Books, Originally Published 1888.

Berninger, Dieter George 1974 "La inmigración en México, 1821-1857," SepSetentas.

Bobes, Velia Cecilia y Pardo, Ana Melisa 2016 "Política migratoria en México," FLASCO.

Bustamante, Jorge 1979 "Las propuestas de política migratoria en los Estados Unidos y sus repercusiones en México, " en Centro de Estudios Internacionales, El Colegio de México.

Carrera, German 1957 "Sobre la Colonia, " Historia Mexicana, VI, no.4, Apr.-Jun, El Colegio de México.

"Cronología de Política Exterior de México" 1996 Revista Mexicana de Política Exterior, enero-junio de 1996.

Délano, Alexandra 2014 "México y su diáspora en Estados Unidos, Las políticas de emigración desde 1848," El Colegio de México.

——— 2003 "Economic Integration and Migration Policies: The Challenges for Mexico and the United States, " Primer Coloquio Internacional, 23,24 y 25 de octubre, Zacatecas, México.

Ferrer Silva, Liliana 2008 "Cabildeo en Estados Unidos: retos y oportunidades para México," Revista Mexicana de Política Exterior, IMRED, no. 84.

García Castillo, Tonatiuh 2012 "El Estatus de extranjería en México. Propuestas de reforma migratoria, " Boletín mexicano de derecho comparado, vol.45, no.133.

García y Griego y Verea Campos 1988 "México y Estados Unidos frente a la migración de los indocumentados," UNAM.

González Gutiérrez, Carlos 1999 "Fostering Identities: Mexico's Relations with its Diaspora," The Journal of American History, vol.86, no.2.

Hann, John J. 1966 "The Role of the Mexican Deputies in the proposal and Enactment of Measures of Economic Reform Applicable to Mexico," in Mexico and the Spanish Cortes, 1810-1822, University of Texas Press.

Laglagaron, Laura 2010 "Protection through Integration: The Mexican Government's effort to aid migrants in United States," National Policy Institute.

Leiken, Robert 2001 "A post-9/11 Mexican Migration Agreement," Center for Immigration Studies Backgrounder (https://cis.org/Report/Post911-Mexican-Migration-Agreement, 最終閲覧日：2021 年 7 月 15 日).

Méndez Lugo, Bernardo 2016 "Reflexiones sobre las comunidades mexicanas en Estados Unidos en la coyuntura actual," Asociación de Diplomáticos escritores, 2016, 28 de abril.

Palma, Mónica 2006 "De las tierras extrañas. Un estudio sobre la inmigración en México(1950-1990)," Instituto Nacional de Migración.

Salazar Anaya, Delia 2009 "Tres momentos de la inmigración internacional en México, 1880-1946," Instituto Nacional de Migración.

Verea Campos, Mónica, Fernández de Castro, Rafael y Weintraub, Sydney 1998 "Nueva Agenda bilateral en la relación México-Estados Unidos," ITAM.

Watanabe, Akira 2008 "Expanding Mexican Migrants Society and the Mexican Government,"『ラテンアメリカ研究年報』no.28.

山﨑眞次 2016「メキシコ政府の新移民政策—想像の共同体構想」『早稲田大学政治経済学部教養諸学研究』141 号 .

—— 2020「移民キャラバンに対するメキシコ政府の対応」『ワセダアジアンレビュー』no.22.

第4章　世界産業連関表 (WIOD) を用いた米墨間相互依存関係の分析 [1]

中野　諭・鷲津　明由

1. はじめに

　北米自由貿易協定（NAFTA）が 1994 年に米国，カナダ，メキシコ間で締結され，多くの品目での関税撤廃により，これらの国々の間の経済的相互依存関係が強化された。日本の自動車産業も北米における安い労働力のあるメキシコに数多く進出した。さらに NAFTA には原産地原則の取り決めがあったため，自動車関連企業もメキシコに進出し，メキシコには日系自動車産業の集積地も出現した（内山 2019; 中畑 2018）。これらの変化に伴い，北米におけるメキシコの発言力が高まった。また，米国では増え続ける非合法移民対策としてメキシコ政府の協力が不可欠であったことから，メキシコの対米政策がより能動的になったと山崎（2016）は指摘している。山崎（2016）によれば，そのようなメキシコ政府の狙いは「想像の共同体構想」の形成にあるという。すなわち，送金によって移民コミュニティとホームランドとの経済的連携の強化により，仮想的な「ホームランド」の領域を拡大させようとするメキシコ政府の構想である。

　しかしトランプ政権の発足により状況は変化し，NAFTA は米国・メキシコ・カナダ協定（USMCA）に変化した。USMCA は原産地原則を強化して，中国からの輸入を減らすとともに，対メキシコ投資を米国国内の投資に振り向けることを目的とした（高橋 2018）。また 2020 年に入り，

新型コロナウィルスの影響が深刻になると，製造業のサプライチェーンのレジリエンスを高めることに関心が向くようになり，中国への輸入依存度を低下させることに米国社会の関心が向くようになった（橋本2020）。

NAFTAによって北米地域の相互依存関係が強化され，さらに中国の経済発展によって，北米地域と中国とのサプライチェーンが構築された。このような国家間および，サプライチェーンを通じた異産業間の経済的相互依存関係の分析には，国際産業連関表を用いた分析が有効である。そこで本研究では The World Input-Output Database（世界産業関連表 WIOD）を用いて以下の分析を実施し，これら3か国（カナダ，米国，メキシコ）の経済的相互依存関係の状況と，トランプ政権発足，あるいは新型コロナウィルスの影響により中国との関係性が見直されることによる経済的影響について，定量的な分析を行う。

以下本研究の構成は次の通りである。第2節では方法論とした産業連関表について簡単に述べ，それを用いて行った3つの分析について説明する。第3節では，WIODデータベースについて説明し，それを用いて行った3つの分析の方法論を整理する。第4節では各分析の結果を整理し，最後に第5節で全体をまとめる。

2．産業連関分析について

産業連関表は1930年代に，W. レオンティエフによって開発された経済統計表である。レオンティエフは，1つの経済体系の経済発展は，産業構造の変化を伴うが，構造変化の主要因は技術変化であると考え，経済発展と産業構造と技術変化の関係を分析するための手法として産業連関表を考案した（Leontief 1986）。

産業連関表では経済がいくつかの部門に分割され，それらの部門間で

財がどのように取引されたかが記述されている（図 4-1）。この表の縦方向と横方向にはそれらの部門が同じ順番で並んでいる。いま，ある部門について，表を縦方向に見ていくと，その部門が 1 年間の生産活動を行うのに，ほかの各部門からどのような原材料や部品をどれだけ購入したか，付加価値要素として，どれだけの労働や資本費用を投入したかがわかる。この縦方向のベクトルの構成比は，投入係数と呼ばれ，各産業の生産技術の経済学的表現であるとレオンティエフは考えた。またある部門について表を横方向に見ていくと，その部門が 1 年間に生産した生産物が，ほかの各部門に原材料や部品としてどれだけ販売されたのか，消費財や投資財として家計や企業にはどれだけ販売されたのかを知ることができる。ある部門について，縦方向の投入金額の合計値と，横方向の販売金額の合計値はいずれも国内生産額であり，一致している。**図 4-2** は産業連関分析の概念図である。産業連関分析によれば，図 4-2 のように，自動車の単位当たりの生産による，部品とその原材料の生産過程（サプライチェーンの全過程）を通じた，経済全体への波及効果を計算することができる。たとえば日本の 2015 年産業連関表（総務省）を用いた計算結果によれば，自動車 1 単位の生産は 2.73 倍の波及効果を経済全体にもたらす。

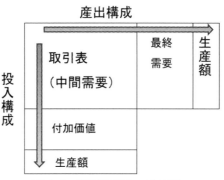

図 4-1　産業連関表の概念図

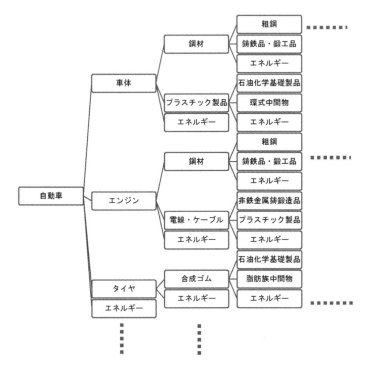

図 4-2　産業連関分析の概念図

　図 4-1 は 1 つの経済体系（国）について定義された産業連関表である
が，この産業連関表を拡張して複数の国間および産業間の経済的相互依
存関係を記述する国際産業連関表が開発されるようになった。その 1 つ
に University of Groningen が作成する WIOD がある。**図 4-3** は WIOD の
概念図[2] である。WIOD（2016 Release）では，2000 年から 2014 年までの，
43 か国 × 56 部門の間の財の取引関係が記述されている。このような
WIOD によれば，たとえば，北米における 1 単位の自動車需要が，サプ
ライチェーンを通じて中国にどのような経済波及を引き起こすかを分析
することができる。

本章では，このような WIOD を用いて，以下の3つの分析を行った。

（分析1）山崎（2016）が指摘した「想像の共同体構想」の現状を分析するために，米国における付加価値の発生を，メキシコ移民によるものとその他に分け，米国とメキシコで発生した最終需要が，米国国内のメキシコ移民の所得にどの程度影響するかについて分析する。

（分析2）北米のサプライチェーンの強化により，米墨間の産業連関関係が強化され，メキシコの経済的重要性が高まった。そして多国籍企業のメキシコ進出も活発になった（高橋2020）結果，メキシコの労働生産性も向上した。このように強化された米墨間の産業連関関係のもとで，メキシコの労働生産性の向上が両国の物価にもたらす効果について分析する。

（分析3）新型コロナウィルスの流行に伴うレジリエンス強化の目的でサプライチェーンの見直しが進行することにより，米国の中国依存が減少し，北米域内の相互依存関係が強化されることが予測される（橋本2020）。そこでこの変化が米中間およびそれにメキシコを含めた関係にもたらす経済効果について仮想的に分析する。

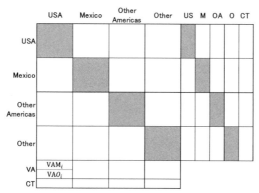

図 4-3　WIOD の概念図

Other Americas: Canada, Brazil，VAM_i：第 i 産業の Mexican による付加価値額，VAO_i：第 i 産業の Mexican 以外による付加価値額

3．分析手法

（1）「想像の共同体構想」の現状分析

　山崎（2016）が指摘した「想像の共同体構想」の現状を分析するために，米国における付加価値の発生を，メキシコ移民によるものとその他に分け，米国とメキシコで発生した最終需要が，各国にもたらす誘発効果について分析する。

　本分析ではまず，2004年と2014年のWIODについて，図4-3に示すように米国の各産業の付加価値を米国内のMexicanによるものとその他によるものに分割した。分割の手順は以下のとおりである。

　1．USセンサス[3]より，第k州の2000年および2010年のTotal population（$POPT_k$）とMexican（$POPM_k$）のデータを収集し，州別にMexicanの人口比を得る。

　2．US商務省経済分析局[4]のGDP by Stateより，2004年および2014年の第k州の産業別GDPデータ（GDP_{ki}）を収集する。

　3．第k州，第j産業のGDP_{kj}に，その州のMexicanの人口比をかけた額を，第k州のMexicanによる第j産業GDP貢献額[5]とする。

　4．第j産業について，全ての州におけるMexicanによるGDP貢献分を合計した額（$GDPM_j$）を計算する。

$$GDPM_j = \sum_k GDP_{kj} \times \left(POPM_k \Big/ POPT_k \right) \quad (1)$$

　5．第j産業について，米国全体のGDP_jに占める$GDPM_j$の割合を，第j産業のMexicanによる付加価値貢献比率（VRM_j）とする。

$$VRM_j = GDPM_j \Big/ GDP_j \quad (2)$$

　このようにして計算したVRM_jを用いて，米国の第j産業の付加価値

VA_j を，米国内の Mexican による VAM_j とその他の人々による VAO_j に分割する。

$$VAM_j = VA_j \times VRM_j \quad (3)$$

$$VAO_j = VA_j \times (1 - VRM_j) \quad (4)$$

r 地域における最終需要が全地域に引き起こす生産誘発効果の計算式は次のとおりである。(5) 式は r 地域において最終財として需要される各々の財がサプライチェーンを通じて全世界に引き起こす生産誘発（図4-2 の概念図）をすべて計算している。

$$\mathbf{x} = (\mathbf{I} - \mathbf{A})^{-1}\mathbf{F^r} \quad (5)$$

$\mathbf{x}$: 全地域全部門における生産誘発額を示すベクトル

$\mathbf{F^r}$: 地域 r の最終需要ベクトル（$r = 1..., k$）

$\mathbf{A}$: WIOD の地域間投入係数 行列

次に (5) 式の計算結果を用いて，r 地域における最終需要が全地域に引き起こす付加価値誘発（所得の誘発）を次式によって計算する。そのとき，米国については，付加価値誘発分のうち Mexican による誘発分とそれ以外を，(3)(4) 式に基づいて，分けて計算する。

$$\mathbf{VA} = \mathbf{v'x} \quad (6)$$

$\mathbf{VA}$: 全地域全部門における粗付加価値誘発額を示すベクトル

$\mathbf{v'} = (v_j^r)'$: 全地域全部門の粗付加価値係数ベクトル

$v_j^r = {VA_j^r}\big/{X_j^r}$ VA_j^r: WIOD の r 地域 j 部門の粗付加価値額

X_j^r: WIOD の r 地域 j 部門の国内生産額

When r = US $v_j^{US_M} = {VAM_j^{US}}\big/{X_j^{US}}$ or $v_j^{US_O} = {VAO_j^{US}}\big/{X_j^{US}}$

式の計算は 2014 年と 2004 年の WIOD を用いて実施した。

さらに 2014 年 WIOD を用いて，次のような 2 種類のシナリオに対して分析を実施した。

（シナリオ1） 米国・メキシコ間のすべての産業の交易係数を20％下げ，同じ割合を両国とブラジル，カナダとの間の交易に上乗せした場合

（シナリオ2） 米国，メキシコ間の自動車産業の交易係数を50％下げ，同じ割合を両国とブラジル，カナダとの間の交易に上乗せした場合

　これらの分析は，米墨関係が徐々に悪化しているところへトランプ政権が発足し，両国間の軋轢が深くなる（イサミ 2018）ことの経済効果を考察するために実施する。分析では，米国・メキシコ間の交易が減退し，それが他地域との交易に置き換えられるケースをシミュレーションしている。NAFTA や USMCA の原産地原則も踏まえ，交易の置き換え先を米州の2つの国に限定した。具体的には，**図4-4** に示すように，WIOD で米国・メキシコ間の交易を示す全ての係数値を減らし，減らした分を，ブラジル，カナダと米国またはメキシコとの間の係数に上乗せした。

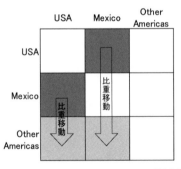

図4-4　シミュレーション概念図

（2）多国籍企業のメキシコ進出の効果分析

　米墨間の相互依存関係が強まり，多国籍企業のメキシコ進出が活発になってきた（高橋 2020）。そこで，多国籍企業の進出によってメキシコの労働生産性が向上したと仮定し，それが強められた米墨間の産業連関関

係の下で両国にもたらすだろう費用削減効果について分析する。

　分析は2014年のWIODを用いて産業連関分析の均衡価格モデルによって行う。国別・部門別の価格 p は，産業連関分析の均衡価格モデルから次式によって計算される。

$$\mathbf{p} = (\mathbf{I} - \mathbf{A}')^{-1}\mathbf{v} \quad (7)$$

　ただし，p：国別・部門別の価格ベクトル，I：単位行列，A'：国別・部門別の投入係数行列の転置行列，v：国別・部門別の付加価値係数（付加価値額 / 生産額）ベクトルである。

　本分析では，ある国のある部門の労働生産性の上昇によって付加価値の構成要素である労働費用が減少し，付加価値係数が減少すると想定する。ここでは試行的に付加価値係数の減少率を30％と想定して分析を行った。すなわち，メキシコの各部門の付加価値係数 v を30％減少させ，国別・部門別の価格 p の変化を観察する。対照分析として，米国の各部門の付加価値係数 v を30％減少させた場合の効果も計算した。

（3）ポストコロナ経済におけるサプライチェーンのレジリエンス強化の効果分析

　新型コロナウィルスの流行に伴い，レジリエンス強化のためのサプライチェーンの見直しが模索されている。今後,米国の中国依存が減少し，北米域内での相互依存関係が強化されることが見込まれる（橋本,2020）ので，そのことが米中間およびそれにメキシコを含めた経済関係にもたらす効果について分析する。

　分析には2014年のWIODを用い，(5) 式の最終需要ベクトルを，国別・部門別の最終需要ベクトル F で置き換えたものによって，後述のシミュレーションを行う。その結果を (6) 式に当てはめて付加価値誘発を計算した。

　シミュレーションは，米国と中国の間のサプライチェーンが見直され

92

た結果両国間の交易が減少し，その減少分がすべてカナダやメキシコに配分されるシナリオを3つ用意し，それぞれの付加価値誘発額を求める。

（シナリオ1）2014年における中国の米国からの輸入が25%減少し，米国の中国からの輸入が9%減少する。これは，UN Comtrade[7]の財輸入額計から確認される，2014年から2019年にかけての変化である。

（シナリオ2）2014年における中国の米国からの輸入が25%減少し，米国の中国からの輸入が25%減少する。シナリオ1の傾向が強まったケースを想定する。

（シナリオ3）2014年における中国の米国からの輸入が50%減少し，米国の中国からの輸入が50%減少する。シナリオ2の傾向がさらに強まったケースを想定する。

WIODの投入係数行列Aのうち中国の部門別投入係数に対する米国の産出分をシナリオで想定した比率で減少させ，その分を中国に対するカナダおよびメキシコの産出分に加算する。一方，米国の部門別投入係数に対する中国の産出分をシナリオで想定した比率で減少させ，その分を米国に対するカナダおよびメキシコの産出分に加算する。また，最終需要ベクトルFのうち中国の最終需要に対する米国の産出分をシナリオで想定した比率で減少させ，その分を中国に対するカナダおよびメキシコの産出分に加算する。一方，米国の最終需要に対する中国の産出分をシナリオで想定した比率で減少させ，その分を米国に対するカナダおよびメキシコの産出分に加算する。このような操作を行った投入係数行列Aおよび最終需要ベクトルFを用い，付加価値誘発額vを求める。

4．結果

（1）「想像の共同体構想」の現状分析

　山崎（2016）が指摘した「想像の共同体構想」の現状を分析するために，米国における付加価値の発生を，メキシコ移民によるものとその他に分け，米国とメキシコで発生した最終需要がもたらす誘発効果について分析した結果を報告する。

　分析結果を報告する前に，**図4-5** に 2010 年の US Census における"Mexican" の分布を示す。2010 年に Mexican の総数は 31.80 million で，それは総人口の 10.2％ということである。(1) 式では，州ごとに，全ての産業の付加価値に対する Mexican の貢献度は共通という強い仮定をおいて，Mexican の生み出す付加価値額を計算している。したがって Mexican が多いカリフォルニアやテキサスなどの主要産業において Mexican の付加価値貢献度が大きくなりやすい。

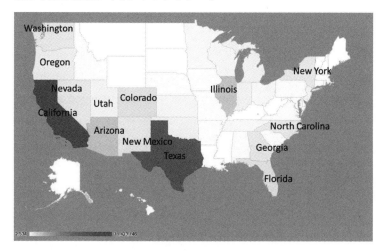

図 4-5　2010 年の Mexican の州別分布

出典：US Census より筆者作成

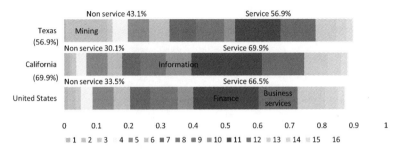

図 4-6　Industrial GDP composition ratio (2014)

1 Agriculture, forestry, fishing, and hunting, 2 Mining, quarrying, and oil and gas extraction, 3 Utilities, 4 Construction, 5 Durable goods manufacturing, 6 Nondurable goods manufacturing, 7 Wholesale trade, 8 Retail trade, 9 Transportation and warehousing, 10 Information, 11 Finance, insurance, real estate, rental, and leasing, 12 Professional and business services, 13 Educational services, health care, and social assistance, 14 Arts, entertainment, recreation, accommodation, and food services, 15 Other services（except government and government enterprises）, 16 Government and government enterprises
出典：Gross Domestic Product by State（US 商務省経済分析局）

　図 4-6 はカリフォルニア州とテキサス州の産業構成比を，全米との比較で図示している。テキサスでは非サービス（Non service）業の比重が高く，特に鉱業（Mining）の比率が高い。カリフォルニアでは情報（Information）の比重が高い。本研究ではテキサスの鉱業（Mining）部門でも，カリフォルニアの情報（Information）部門でも，それぞれの部門による付加価値に対して，Mexican が各州の人口比（図 4-5）で貢献していると仮定しているが，この仮定の妥当性，および妥当でない場合のデータ収集の方法について検討することは今後の課題である。

　図 4-7 は米州 4 か国の 2014 年 WIOD における産業別総生産額構成比と付加価値構成比を示している。メキシコはこれら 4 か国の中で第 2 次産業の比率が最も高く，米国は第 3 次産業の比率が最も高い。図 4-8 は，これら 4 か国の経済規模を，全世界との対比で示し，2014 年の状況を10 年前と比較している。2004 年から 2014 年にかけて世界の名目の経済

規模は，総生産額で約2倍，付加価値で約1.8倍に拡大した。その中で
米国を中心とするこれら4か国の比重は総生産額でも，付加価値でも5%
ポイントほど減少している。

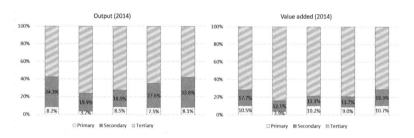

図4-7　Composition ratio of WIOD(2016 Release)

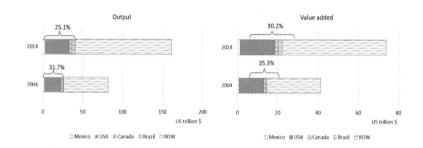

図4-8　Composition of WIOD(2016 Release)(Nominal)

表4-1-1　米国の最終需要がもたらす付加価値誘発額
(10 billion USD, 2014)

	Mexico	USA_M	USA_O	Canada	Brazil	ROW	Total
Primary	3.8	9.5	44.6	7.6	0.7	24.9	91.1
Secondary	7.1	16.9	142.2	7.1	0.8	60.4	234.5
Tertiary	4.9	143.3	1,223.8	7.9	1.0	71.1	1,452.0
Total	15.8	169.7	1,410.6	22.6	2.5	156.4	1,777.6

USA_M はアメリカにおける Mexican による付加価値誘発であり，USA_O はそれ以外
の人々による誘発であることを示す。

96

表4-1-2　メキシコの最終需要がもたらす付加価値誘発額
(10 billion USD, 2014)

	Mexico	USA_M	USA_O	Canada	Brazil	ROW	Total
Primary	6.4	0.2	1.2	0.3	0.1	1.6	9.8
Secondary	11.7	0.5	4.5	0.2	0.1	4.9	22.1
Tertiary	81.0	0.4	3.0	0.3	0.1	5.4	90.2
Total	99.1	1.1	8.8	0.8	0.3	11.9	122.1

　表4-1-1 および 4-1-2 では，米国またはメキシコにおける最終需要が，米州4か国にもたらす付加価値誘発効果を計算している。米国における付加価値誘発は，Mexican による誘発 USA_M とそれ以外の人々による誘発 USA_O に分けて示した。その結果，米国の最終需要がメキシコにもたらす付加価値誘発は 1,580 億ドル（うち 44.9％は製造業への誘発）で，メキシコの最終需要がメキシコ自身にもたらす付加価値誘発 9,910 億ドルの 15.9％にのぼる。また米国の最終需要が米国内の Mexican にもたらす付加価値誘発は 1.7 兆ドル（うち 84.4％が第3次産業への誘発）と大きい。山崎（2016）によれば，米国内の Mexican が送金を通じてホームランドと「想像の共同体」を形成しているということであった。米国に住むメキシコ移民が自国へ送金した額は 300 億 1900 万ドル（2017 年）という推計があり[8]，近年増加傾向にあるという。仮に 2014 年にも同額の送金がなされていたとすると，それは米国内の Mexican の所得 1.7 兆ドルの約 1.8％に当たり，またメキシコの最終需要がメキシコ自身にもたらす付加価値誘発 9,910 億ドルの 3％に相当する。米国の最終需要がメキシコにもたらす波及効果は大きい。

表 4-2　各地域の最終需要が付加価値を誘発する産業 TOP10 (2014)

	Induced by final demand of USA		Induced by final demand of Mexico	
	For Mexico	For Mexican in USA	For Mexico	For Mexican in USA
1	Mining and quarrying	Real estate activities	Administrative and support service activities	Mining and quarrying
2	Manufacture of motor vehicles, trailers and semi-trailers	Public administration and defence; compulsory social security	Construction	Manufacture of chemicals and chemical products
3	Wholesale trade, except of motor vehicles and motorcycles	Human health and social work activities	Wholesale trade, except of motor vehicles and motorcycles	Manufacture of computer, electronic and optical products
4	Administrative and support service activities	Wholesale trade, except of motor vehicles and motorcycles	Retail trade, except of motor vehicles and motorcycles	Wholesale trade, except of motor vehicles and motorcycles
5	Retail trade, except of motor vehicles and motorcycles	Retail trade, except of motor vehicles and motorcycles	Land transport and transport via pipelines	Manufacture of coke and refined petroleum products
6	Crop and animal production, hunting and related service activities	Construction	Manufacture of food products, beverages and tobacco products	Crop and animal production, hunting and related service activities
7	Manufacture of machinery and equipment n.e.c.	Mining and quarrying	Public administration and defence; compulsory social security	Manufacture of machinery and equipment n.e.c.
8	Manufacture of computer, electronic and optical products	Administrative and support service activities	Education	Legal and accounting activities; activities of head offices; management consultancy activities
9	Manufacture of basic metals	Legal and accounting activities; activities of head offices; management consultancy activities	Mining and quarrying	Manufacture of fabricated metal products, except machinery and equipment
10	Manufacture of food products, beverages and tobacco products	Accommodation and food service activities	Financial service activities, except insurance and pension funding	Administrative and support service activities

　米国の最終需要によるメキシコへの誘発のうち 44.9％は製造業による
ものであったが，**表** 4-2 によればその具体的な波及先は，自動車製造業
である。自動車に関わる卸売・小売業への波及も大きい。米国の最終需
要による米国内の Mexican への誘発でも，4 位と 5 位に自動車に関わる
卸売・小売業がランクされており，米国での自動車需要がメキシコに大
きな影響を与えている。金額そのものは合計でも 110 億ドルとあまり大
きくはないが，メキシコの最終需要が米国にもたらす波及効果が大きい
産業として，化学製品，コンピュータ製造業，自動車製造業，石油石炭
精製など，製造業が上位にあることが注目される。

　表 4-3 で 2004 年から 2014 年にかけて米墨間で相互依存関係が深まっ
た上位 10 部門を示した。この 10 年間に，米国の最終需要による付加価
値誘発が最も大きく伸びたメキシコの産業は，自動車製造業で，つい
で，農業，鉱業の順である。一方，メキシコの最終需要によって米国の
Mexican による付加価値誘発が最も大きく伸びた産業は，鉱業であり，
それに化学製品，石油・石炭製品製造業が続いている。米国からメキシ
コへの波及は自動車産業を通じて，メキシコから米国への波及はエネル
ギー産業を通じて，相互依存関係が深められたと考えられる。

　表 4-4-1，4-4-2 および**図** 4-9 に，2 つのシナリオ分析（米国・メキシコ
間のすべての産業の交易係数を 20％下げ，または自動車産業の交易係数を 50％
下げ，それぞれ同じ割合をブラジル，カナダとの交易に上乗せするという分析）
の結果を示す。

表 4-3　2004 年から 2014 年にかけて最終需要による付加価値誘発の変化が大きい産業 TOP10

	Induced by final demand of USA		Induced by final demand of Mexico	
	For Mexico	For Mexican in USA	For Mexico	For Mexican in USA
1	Manufacture of motor vehicles, trailers and semi-trailers	Real estate activities	Financial service activities, except insurance and pension funding	Mining and quarrying
2	Crop and animal production, hunting and related service activities	Public administration and defence; compulsory social security	Wholesale trade, except of motor vehicles and motorcycles	Manufacture of chemicals and chemical products
3	Mining and quarrying	Mining and quarrying	Retail trade, except of motor vehicles and motorcycles	Manufacture of coke and refined petroleum products
4	Manufacture of machinery and equipment n.e.c.	Human health and social work activities	Public administration and defence; compulsory social security	Wholesale trade, except of motor vehicles and motorcycles
5	Wholesale trade, except of motor vehicles and motorcycles	Wholesale trade, except of motor vehicles and motorcycles	Manufacture of motor vehicles, trailers and semi-trailers	Manufacture of machinery and equipment n.e.c.
6	Manufacture of food products, beverages and tobacco products	Administrative and support service activities	Education	Crop and animal production, hunting and related service activities
7	Retail trade, except of motor vehicles and motorcycles	Retail trade, except of motor vehicles and motorcycles	Land transport and transport via pipelines	Legal and accounting activities; activities of head offices; management consultancy activities
8	Administrative and support service activities	Legal and accounting activities; activities of head offices; management consultancy activities	Human health and social work activities	Manufacture of food products, beverages and tobacco products
9	Land transport and transport via pipelines	Accommodation and food service activities	Wholesale and retail trade and repair of motor vehicles and motorcycles	Manufacture of fabricated metal products, except machinery and equipment
10	Manufacture of other transport equipment	Computer programming, consultancy and related activities; information service activities	Water collection, treatment and supply	Administrative and support service activities

表 4-4-1　米国の最終需要がもたらす付加価値誘発額の比較
(10 billion USD, 2014)

	Mexico				USA_M			
	2004	2014	S1	S2	2004	2014	S1	S2
Primary	2.2	3.8	3.3	3.8	3.2	9.5	9.4	9.5
Secondary	4.3	7.1	6.5	6.8	9.6	16.9	16.9	16.9
Tertiary	2.8	4.9	4.5	4.8	74.3	143.3	143.3	143.3
Total	9.3	15.8	14.3	15.3	87.1	169.7	169.6	169.7

USA_M はアメリカにおける Mexican による付加価値誘発を示す。
S1：米国・メキシコ間のすべての産業の交易係数を 20％下げ同じ割合をブラジル・カナダとの交易に上乗せする，S2：米国・メキシコ間の自動車産業の交易係数を50％下げ，同じ割合をブラジル・カナダとの交易に上乗せする。

表 4-4-2　メキシコの最終需要がもたらす付加価値誘発額の比較
(10 billion USD, 2014)

	Mexico				USA_M			
	2004	2014	S1	S2	2004	2014	S1	S2
Primary	4.66	6.42	6.40	6.42	0.05	0.25	0.22	0.25
Secondary	8.14	11.68	11.67	11.67	0.23	0.54	0.48	0.52
Tertiary	48.96	81.01	81.00	81.00	0.16	0.36	0.32	0.35
Total	61.76	99.11	99.06	99.09	0.44	1.14	1.02	1.12

　表 4-4-1 によると，米国の最終需要がメキシコにもたらす付加価値誘発額は 2004 年から 2014 年にかけて 0.93 兆ドルから 1.58 兆ドルへ 70.1％伸びた。2014 年に対して，米国・メキシコ間のすべての産業の交易が20％下がると Mexican の付加価値誘発額は 1.43 兆ドルへ 9.4％減少し，自動車産業の交易（自動車産業の相手国への部品調達）が 50％下がると同誘発額が 1.53 兆ドル，3.2％減少する。それに対して，メキシコの最終需要が米国内の Mexican にもたらす付加価値誘発額（表 4-4-2）は 2004 年から 2014 年にかけて 44 億ドルから 114 億ドルへ 160.9％伸びた。2014年に対して，米国・メキシコ間のすべての産業の交易が 20％下がると米国内の Mexican の付加価値誘発額は 102 億ドルへ 10.7％減少し，自動車産業の交易（自動車産業の相手国への部品調達）が 50％下がると付加価値誘発額は 112 億ドルへ 2.1％減少する。2004 年から 2014 年にかけて米

国の最終需要がメキシコの付加価値誘発に与える影響も，その逆も，大きな伸びを示した。両国間の交易が減れば，相互の付加価値誘発は減少するが，全ての交易係数を20％とかなり大きく減らしても，2004年から2014年にかけての交易関係の深化を覆すほどではない。

　図4-9では2つのシナリオ分析の結果を，地域別財別にブレークダウンして示している。米国・メキシコ間のすべての産業の交易が20％下がるというシナリオ1のケースでは，米国の最終需要によるメキシコおよび米国内の Mexican 以外の労働者への付加価値誘発額が，カナダへの誘発に置き換わっており，その範囲は1次産業から3次産業におよぶ。またメキシコの最終需要によるメキシコ国内への付加価値誘発も，2，3次産業を中心にカナダへの誘発に置き換わっている。自動車産業の交易（自動車産業の相手国への部品調達）が50％下がるというシナリオ2のケースでは，2，3次産業を中心に，メキシコの最終需要による米国内の Mexican 以外の労働者への付加価値誘発額が，ブラジルへの誘発に置き換わっている点が注目される。

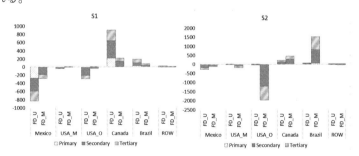

図4-9　各国の最終需要1million USD による誘発効果の増減
(USD per 1 million USD final demand)

FD_U は米国の，FD_M はメキシコの最終需要 1million USD が誘発する効果であることを示す。Mexico, USA_M, USA_O, Canada, Brazil, ROW は，FD_U と FD_M の最終需要がそれぞれ，メキシコ，米国内の Mexican，米国内のその他の国民，カナダ，ブラジル，その他世界にもたらす付加価値誘発であることを示す。
S1：米国・メキシコ間のすべての産業の交易係数を20％下げ同じ割合をブラジル・カナダとの交易に上乗せする，S2：米国・メキシコ間の自動車産業の交易係数を50％下げ，同じ割合をブラジル・カナダとの交易に上乗せする。

米墨間にはかなり密接な中間財の相互依存関係に基づく経済協力関係が形成されており，両国間の交易の減少は，双方の国に負の効果をもたらすことが確認された。トランプ政権の取った対メキシコの保護貿易政策は，米国自身にも経済的損失をもたらした可能性がある。

（2）多国籍企業のメキシコ進出の効果分析

米墨間の相互依存関係が強まり，多国籍企業のメキシコ進出が活発になってきた（高橋 2020）ので，多国籍企業の進出によってメキシコの労働生産性が向上したと仮定し，それが強められた米墨間の産業連関関係の下で両国にもたらした費用削減効果について報告する。米国との関連の深いメキシコの生産物である鉱業（Mining and quarrying）と自動車製造業（Manufacture of motor vehicles, trailers and semi-trailers）の 2 つの部門の（メキシコにおける）生産性向上が米国の製品価格にもたらす効果を**図 4-10-1**に示す。図の横軸方向の数字は WIOD の部門分類番号であり，それぞれの番号に対応する産業名は章末の付表に示されている。すると鉱業の付加価値係数低下は，米国の基礎素材産業や輸送産業の製品・サービスの価格低下に，自動車製造業の付加価値係数低下は米国の自動車産業の製品の価格低下をもたらす。一方対照分析として，米国の食品製造業（Manufacture of food products, beverages and tobacco products）と自動車製造業（Manufacture of motor vehicles, trailers and semi-trailers）の 2 つの部門の付加価値係数低下がメキシコの製品価格にもたらす効果を計算した。その結果，**図 4-10-2** に示されるように，メキシコの多くの製品価格にそれらの効果が波及し，その程度もメキシコが米国に与える効果よりもかなり大きい。

米国の生産性上昇によってメキシコが受ける価格低下効果の方が，その逆よりも大きいことが分かった。

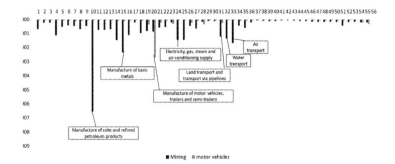

図4-10-1　メキシコの付加価値係数30%減が米国の各産業にもたらす価格低下効果

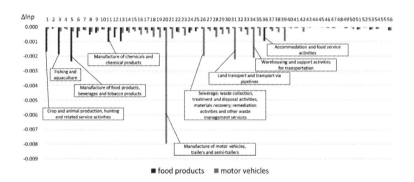

図4-10-2　米国の付加価値係数30%減がメキシコの各産業にもたらす価格低下効果

（3）ポストコロナ経済におけるサプライチェーンのレジリエンス強化の効果分析

　新型コロナウィルスの流行に伴うレジリエンス強化のためのサプライチェーンの見直しで，米国の中国依存が減少し，北米域内での相互依存関係が強化された場合（橋本 2020）の経済効果について分析した結果を報告する。

　前述の通り，すでに 2014 年から 2019 年にかけて，中国の米国からの輸入は 25％減少し，米国の中国からの輸入は 9％減少している。そこで 2014 年の WIOD の状況を踏まえて，現実の変化がもたらした効果（シナリオ 1）[9]，および現実の傾向がさらに強められた場合の効果（シナリオ 2, 3）の分析を行った。図 4-11 では，それぞれのシナリオの下で，米国または中国の最終需要が相手国および北米地域にもたらす付加価値誘発を計算し，それと 2014 年の実績値との差分を取った結果を示している。

　それによれば，シナリオ 1 の 2014 年における中国の米国からの輸入が 25％減少し，米国の中国からの輸入が 9％減少するという変化（2014 年から 2019 年にかけての現実の変化）によって，米国の最終需要による中国への付加価値誘発は 221 億ドル減少し，それとほぼ同額の 215 億ドルの付加価値がメキシコ，米国，カナダに誘発された。うちメキシコへの誘発が 99 億ドルと最も大きい。シナリオ 3 で想定した程度まで米中間の交易が減少すると，米国の最終需要による中国への付加価値誘発は 1,232 億ドル減少し，メキシコ，米国，カナダへの 1,199 億ドルの付加価値誘発に置き換わる。一方，2014 年から 2019 年にかけての現実の変化によって，中国の最終需要による米国への付加価値誘発は 170 億ドル減少し，メキシコ，カナダへの付加価値誘発 160 億ドル（うちカナダ誘発分が 128 億ドル）に置き換わる。シナリオ 3 で想定した程度まで米中間の交易が減少すると，中国の最終需要による米国への付加価値誘発は 339

億ドル減少し，メキシコ，米国，カナダへの 323 億ドルの付加価値誘発
に置き換わる。米中間の交易の減少により，米国の最終需要が中国に及
ぼす負の影響は，逆方向の影響よりも大きい。

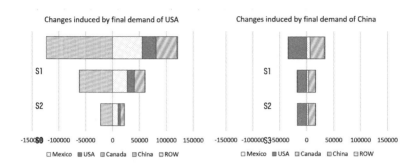

**図 4-11　シナリオ別各国の最終需要が誘発する生産量の 2014 年実績値か
らの変化 (million USD)**
S1：2014 年における中国の米国からの輸入が 25％減少し，米国の中国からの輸入が 9％
減少する（2014 年から 2019 年にかけての現実の変化）。S2：2014 年における中国の
米国からの輸入が 25％減少し，米国の中国からの輸入が 25％減少する。S3：2014 年
における中国の米国からの輸入が 50％減少し，米国の中国からの輸入が 50％減少す
る

表 4-5 はこれらの変化がどの部門で起きたのかを見るために，大きな
影響を受けた上位 10 部門を示している。米中の交易の減少により，米
国の最終需要が大きな負の影響を与える中国の産業部門は，コンピュー
タ，繊維，自動車卸売などの 2 次および 3 次産業であり，その時メキシ
コの繊維，コンピュータ製造，行政サービスなどの産業が正の影響を受
ける。

表 4-5-1 アメリカの最終需要が誘発する生産量の 2014 年実績値からの変化が大きい上位 10 部門 (S1)

	Induced by final demand of USA		
	For China	For USA	For Mexico
1	Manufacture of computer, electronic and optical products	Manufacture of computer, electronic and optical products	Manufacture of textiles, wearing apparel and leather products
2	Manufacture of textiles, wearing apparel and leather products	Manufacture of chemicals and chemical products	Manufacture of computer, electronic and optical products
3	Wholesale trade, except of motor vehicles and motorcycles	Wholesale trade, except of motor vehicles and motorcycles	Administrative and support service activities
4	Mining and quarrying	Mining and quarrying	Manufacture of electrical equipment
5	Crop and animal production, hunting and related service activities	Manufacture of electrical equipment	Manufacture of machinery and equipment n.e.c.
6	Financial service activities, except insurance and pension funding	Manufacture of fabricated metal products, except machinery and equipment	Wholesale trade, except of motor vehicles and motorcycles
7	Manufacture of machinery and equipment n.e.c.	Legal and accounting activities; activities of head offices; management consultancy activities	Mining and quarrying
8	Manufacture of furniture; other manufacturing	Manufacture of machinery and equipment n.e.c.	Retail trade, except of motor vehicles and motorcycles
9	Manufacture of chemicals and chemical products	Manufacture of basic metals	Manufacture of furniture; other manufacturing
10	Manufacture of basic metals	Administrative and support service activities	Manufacture of chemicals and chemical products

　一方米中の交易の減少により，中国の最終需要が大きな負の影響を与える米国の産業部門は，法務・会計サービス，農業，航空輸送などの1次および3次産業であり，その時メキシコの自動車，鉱業，行政サービスなどの産業が正の影響を受ける。米中の交易の減少により受ける影響は，中国が米国から受ける負の影響の方が，その逆よりも大きい。中国には，サプライチェーンの上流産業が立地しているとすれば予想しうる結論である。シミュレーションでは，サプライチェーン上流の供給元が，北米にスムースに置き換わるように記述されているが，実現可能性についての検討は今後の課題である。

表 4-5-2　中国の最終需要が誘発する生産量の 2014 年実績値からの変化が大きい上位 10 部門 (S1)

	Induced by final demand of China		
	For China	For USA	For Mexico
1	Manufacture of computer, electronic and optical products	Legal and accounting activities; activities of head offices; management consultancy activities	Manufacture of motor vehicles, trailers and semi-trailers
2	Wholesale trade, except of motor vehicles and motorcycles	Crop and animal production, hunting and related service activities	Mining and quarrying
3	Manufacture of rubber and plastic products	Air transport	Administrative and support service activities
4	Air transport	Manufacture of computer, electronic and optical products	Manufacture of furniture; other manufacturing
5	Manufacture of furniture; other manufacturing	Manufacture of other transport equipment	Wholesale trade, except of motor vehicles and motorcycles
6	Financial service activities, except insurance and pension funding	Wholesale trade, except of motor vehicles and motorcycles	Retail trade, except of motor vehicles and motorcycles
7	Mining and quarrying	Manufacture of machinery and equipment n.e.c.	Manufacture of computer, electronic and optical products
8	Other service activities	Manufacture of chemicals and chemical products	Manufacture of chemicals and chemical products
9	Manufacture of basic metals	Land transport and transport via pipelines	Manufacture of machinery and equipment n.e.c.
10	Manufacture of textiles, wearing apparel and leather products	Administrative and support service activities	Land transport and transport via pipelines

5．おわりに

　本研究は科学研究費補助金（17H04512）"「想像の共同体」MexAmerica の構築をめぐる米墨の相克"（研究代表：山崎眞次）における政治学的研究の経済的側面を評価するために，国際産業連関表（The World Input-Output Database; WIOD）を用いて，「想像の共同体構想」の現状分析，多国籍企業のメキシコ進出の効果分析，ポストコロナ経済におけるサプライチェーンのレジリエンス強化の効果分析の 3 つの分析を行った。

　「想像の共同体構想」の現状分析の結果，2004年から2014年にかけて
すでに米墨間には強固な経済的相互依存関係が構築されており，現状か
ら両国間の全ての交易係数を20％とかなり大きく減らすという大胆な
仮定を置いたとしても，過去10年間の交易関係の深化を覆すほどの効
果はない。米国からメキシコへの波及は自動車産業を通じて，メキシコ
から米国への波及はエネルギー産業を通じて，相互依存関係が深められ
たと考えられる。両国間の交易の減少は，双方の国に負の効果をもたら
すことが確認され，トランプ政権の取った対メキシコの保護貿易政策は，
米国自身にも経済的損失をもたらした可能性がある。

　多国籍企業のメキシコ進出の効果分析の結果，メキシコの鉱業の生産
性上昇は，米国の基礎素材産業や輸送産業の製品・サービスの価格低下
に影響する。ただし米国の自動車産業の生産性上昇がメキシコの国内産
業に与える価格影響に比べると，その効果は相対的に小さい。

　ポストコロナ経済におけるサプライチェーンのレジリエンス強化の効
果分析の結果，米中間の交易の減少により，米国の最終需要が中国に及
ぼす負の影響は，逆方向の影響よりも大きかった。これは，中国にサプ
ライチェーンの上流産業が立地しているとすれば予想しうる結論であ
る。シミュレーションでは，サプライチェーン上流の供給元が，北米に
スムースに置き換わるように記述されているが，実現可能性についての
検討は今後の課題である。米中の交易の減少により，米国の最終需要が
大きな負の影響を与える中国の産業部門は，コンピュータ，繊維，自動
車卸売であり，その時メキシコの繊維，コンピュータ製造，行政サービ
ス部門が正の影響を受ける。一方米中の交易の減少により，中国の最終
需要が大きな負の影響を与える米国の産業部門は，法務・会計サービス，
農業，航空輸送であり，その時メキシコの自動車，鉱業，行政サービス
部門が正の影響を受ける。

　米国はサプライチェーンの最下流にある巨大な最終消費市場を持つ経済として，北米各国や中国に大きな経済影響をもたらしている。米中の関係は北米全体と中国との関係でもある。現在，バイデン新政権が誕生し，新型コロナウィルスのワクチン接種が開始され，グリーン・リカバリーという新しいマクロ経済政策が模索されるなど，世界の産業連関構造に大きな変革が予想される状況である。WIOD を用いたそれらの変化の効果分析が，引き続き必要である。

注

1 本研究は科学研究費補助金（17H04512）"「想像の共同体」MexAmerica の構築をめぐる米墨の相克"（研究代：山崎眞次）における研究の一環として実施された。
2 図 4-3 では WIOD を 4 地域にまとめて図示している。米国の付加価値の分割については第 3 節を参照。
3 US センサス https://factfinder.census.gov/faces/nav/jsf/pages/community_facts.xhtml
4 US 商務省経済分析局 https://www.bea.gov/data/gdp/gdp-state
5 US センサスは 10 年に一度取りまとめられているので，(1) 式では，2004 年の GDP には 2000 年のセンサスの人口データを，2014 年の GDP には 2010 年のセンサスの人口データをそれぞれ当てはめた。
6 投入係数 (input coefficient) とは $a_{ij}=x_{ij}/X_j$（ただし x_{ij} は i 部門から j 部門への中間財の投入額，X_j は j 部門の生産額）と定義される値である。j 財の生産額 1 単位当たりに必要な i 財の大きさ。
7 UN Comtrade Database https://comtrade.un.org/
8 https://forbesjapan.com/articles/detail/26892(最終アクセス日 2021 年 1 月 29 日)
9 厳密には 2014 年から 2019 年における米中の相互からの輸入シェアの低下分は，カナダおよびメキシコだけでなく，その他の国からの輸入シェアの上昇にも置き換わっている。

引用参考文献

Leontief, W. 1986 "Input-Output Economics," Oxford University Press.
University of Groningen, The World Input-Output Database (WIOD), (http://www.wiod.org/release16．2021 年 1 月 8 日アクセス)．
内山直子 2019「メキシコ自動車産業における NAFTA 再交渉とその影響」ラテンアメリカ・レポート Vol.35, No. 2, (https://www.jstage.jst.go.jp/article/latinamericareport/35/2/35_55/_pdf/-char/ja)．
高橋俊樹 2018「新 NAFTA(USMCA) 合意の意味合いと影響〜トランプ政権の剛腕な戦術の成功で日本や中国への圧力が高まるか〜」国際貿易投資研究所，ITI コラム No.57, 10 月 11 日，(http://www.iti.or.jp/ column057.htm .2021 年 1 月 8 日アクセス)

110

高橋俊樹 2020「USMCA はメキシコでの生産を変えるか」国際貿易投資研究所，ITI コ
ラム No.82, 10 月 1 日，(http://www.iti.or.jp/column082.htm .2021 年 1 月 8 日アクセス)
中畑貴雄 2018「依然として進出余地が大きいメキシコの自動車部品産業」JETRO 地
域分析レポート，3 月，(https://www.jetro.go.jp/biz/areareports/2018/967ca4725be5ccc
0.html .2021 年 1 月 7 日アクセス)
橋本政彦 2020「コロナ・ショックで加速する米国の脱中国」大和総研グループコラム，
7 月 14 日，(https://www.dir.co.jp/report/column/20200714_010493.html .2021 年 1 月 8
日アクセス)
山崎眞次 2016「メキシコ政府の新移民政策―想像の共同体構想」『教養諸学研究』
(141) pp.87 - 109 12 月 (https://waseda.repo.nii.ac.jp/index.php?action=repository_view_
main_item_snippet&index_id=2655&pn=1&count=20&order=5&lang=japanese&page_
id=13&block_id=21)
ロメロ・イサミ 2018「メキシコとトランプ政権 ―墨米関係史の視点」ラテンアメリカ・
レポート Vol.34 No.2, (https://doi.org/10.24765/latinamericareport.34.2_26).

付表　Sector classifications of WIOD

1　Crop and animal production, hunting and related service activities
2　Forestry and logging
3　Fishing and aquaculture
4　Mining and quarrying
5　Manufacture of food products, beverages and tobacco products
6　Manufacture of textiles, wearing apparel and leather products
7　Manufacture of wood and of products of wood and cork, except furniture; manufacture of arti-cles of straw and plaiting materials
8　Manufacture of paper and paper products
9　Printing and reproduction of recorded media
10　Manufacture of coke and refined petroleum products
11　Manufacture of chemicals and chemical products
12　Manufacture of basic pharmaceutical products and pharmaceutical preparations
13　Manufacture of rubber and plastic products
14　Manufacture of other non-metallic mineral products
15　Manufacture of basic metals
16　Manufacture of fabricated metal products, except machinery and equipment
17　Manufacture of computer, electronic and optical products
18　Manufacture of electrical equipment
19　Manufacture of machinery and equipment n.e.c.
20　Manufacture of motor vehicles, trailers and semi-trailers
21　Manufacture of other transport equipment
22　Manufacture of furniture; other manufacturing
23　Repair and installation of machinery and equipment
24　Electricity, gas, steam and air conditioning supply
25　Water collection, treatment and supply
26　Sewerage; waste collection, treatment and disposal activities; materials recovery; remediation activities and other waste management services

27	Construction
28	Wholesale and retail trade and repair of motor vehicles and motorcycles
29	Wholesale trade, except of motor vehicles and motorcycles
30	Retail trade, except of motor vehicles and motorcycles
31	Land transport and transport via pipelines
32	Water transport
33	Air transport
34	Warehousing and support activities for transportation
35	Postal and courier activities
36	Accommodation and food service activities
37	Publishing activities
38	Motion picture, video and television programme production, sound recording and music pub-lishing activities; programming and broadcasting activities
39	Telecommunications
40	Computer programming, consultancy and related activities; information service activities
41	Financial service activities, except insurance and pension funding
42	Insurance, reinsurance and pension funding, except compulsory social security
43	Activities auxiliary to financial services and insurance activities
44	Real estate activities
45	Legal and accounting activities; activities of head offices; management consultancy activities
46	Architectural and engineering activities; technical testing and analysis
47	Scientific research and development
48	Advertising and market research
49	Other professional, scientific and technical activities; veterinary activities
50	Administrative and support service activities
51	Public administration and defence; compulsory social security
52	Education
53	Human health and social work activities
54	Other service activities
55	Activities of households as employers; undifferentiated goods-and servicesproducing activi-ties of households for own use
56	Activities of extraterritorial organizations and bodies

第5章　越境的な移民ネットワークと政治参加： 在外投票権の拡大をめぐる政治過程

高橋　百合子

1．在外投票と移民の民主的利益代表

　メキシコでは 2014 年から 2015 年にかけて，重要な政治・選挙制度改革が実施された。2000 年に制度的革命党（Partido Revolucionario Institucional, PRI）率いる長期権威主義体制が終焉を迎え，競争的選挙を経て国民行動党（Partido Acción Nacional, PAN）へと 71 年振りの政権交代が実現したことをもって，メキシコでは民主化が実現したとみなされている。その後，2018 年に国家再生運動（Movimiento Regeneración Nacional, MORENA）のロペス・オブラドールが大統領に選出され，連邦上下院議会選挙，地方選挙でも MORENA が圧勝を収めるまでの期間，メキシコでは PAN，PRI，民主革命党（Partido de la Revolución Democrática, PRD）の 3 大政党を主軸としつつ，比較的自由で競争的な選挙が実施されてきた。

　このようにメキシコでは，1994 年に設立された独立機関，連邦選挙管理機関（Instituto Federal Electoral, IFE）の主導の下，段階的な改革を経て，民主的な選挙が整備されてきたといえる。この流れの中で実施された近年の選挙制度改革は，在外投票権の拡大という，メキシコの民主主義をさらに深化させる重要な変化を伴うものであった[1]。

　国外在住のメキシコ市民から，本国の選挙への参加要求，すなわち在外投票の実施を求める動きは以前から存在したが，メキシコにおける民主化の進展とともに加速していったといえる。メキシコは，人口

の約10%が国外に在住し，その内の約98％が米国に在住している（INE 2016b）。本章が主に分析の対象とするのは，送金を通してメキシコ経済に大きな影響を及ぼしている米国在住のメキシコ市民とし，在米メキシコ移民と称することとする。以下に詳しく述べるように，米国は，1940年から1960年にかけて「ブラセロ計画」を実施し，労働力不足を補うためメキシコから季節労働者を受け入れてきた経緯がある。

　同計画が廃止された後も合法的・非合法的に米国へ向かう人の流れが途切れることなく，米国各地に移民し，出身地を同じくする人々が集う「同郷者協会（hometown associations：以下，HTAsと略す）」を設立するなど，次第に米国内および国境を越えたネットワークを築き，徐々に組織化を進めてゆくこととなった。このネットワークを通して，在米メキシコ移民は，相互扶助や送金を通して出身地の家族に経済的支援を行うだけでなく，次第にメキシコの政治に自らの声を反映させることに関心を寄せるようになった。メキシコが民主化して政治的権利の機会が拡大する中，メキシコ政府に対して在外移民の政治参加を求める動きが，メキシコ国内で活発化していったのであった。

　本章は，在米メキシコ移民が越境的なネットワークを通して，徐々に政治参加の機会を拡大し，本国メキシコの政治において利益代表の機会を獲得していった過程を分析する。第2節では，在米メキシコ人が徐々に組織化し，越境的ネットワークを築いくとともに政治参加の要求を高めたことを指摘する。第3節で，2000年の政権交代後，在外投票権の確立・拡充といった選挙制度改革が進展したことを述べる。続く第4節では，2014年に実施された選挙制度改革では，在外投票の手続きが大幅に簡素化されたことが，在外投票への参加を促す契機になったことを説明する。第5節では，2021年選挙でインターネット投票と移民議席（diputación migrante）制度の導入により，「代表を選ぶ権利」のみならず，「選ばれる

権利」が確立された過程を考察する。最後に，在外メキシコ市民に政治
参加の機会を拡大することは，メキシコの民主主義にとってどのような
意味を持つのかを論じて，本章を締めくくる。

2．在米メキシコ人移民の組織化と越境的ネットワーク

　前節で述べたように，在米メキシコ移民は，母国の家族へ送金行い出
身地域とのつながりを維持し，メキシコ政治への参加実現を望んできた
経緯がある。しかしながら，米国各地とメキシコの同郷人とネットワー
クを築いて組織化を進め，政治参加の要求を実現させるために長い時間
を要したのである。

　ジェイン・バィエス（Jane Bayes）とアナ・ゴンサレス（Anna Gonzalez）は，
在米メキシコ移民がアイデンティティを共有して組織化を進めるまでに
時間がかかった理由を次のように説明する（Bayes and Gonzales 2011:21-22）。
第1に，メキシコからの移民は結束を強めるような明確な集合的イデオ
ロギーを有しない。第2に，メキシコ政府に対して肯定的な評価を持た
ないため，メキシコという国に対する認識を通しての結びつきが弱ま
る。第3に，米国におけるメキシコ移民や他のスペイン語圏出身の移民
は一括して「ヒスパニック」と称されるため，メキシコ系移民特有のア
イデンティティが醸成されにくい。しかし，1980年代になると，米国
の主要都市でメキシコの出身地を同じくする移民が形成するHTAsが増
加し，次第に組織化を進めていったのである（Rivera-Salgado 2006a:5-6）。

　このように在米メキシコ移民が組織化を進める一方で，メキシコ政府
も以下のような戦略的な関心から在米メキシコ移民とメキシコの紐帯を
強めるべく，方策を講じるようになった（González Guitiérrez 1999; Ochoa O'
Leary 2014:331）。第1に，米国在住のメキシコ人はメキシコ産品の輸出先
としての市場価値が高い。第2に，在米メキシコ移民からの送金は石油

に次いで重要な外貨収入源である。第3に，メキシコ政府は在外メキシコ人の人権を保護する責任を負うとの認識を抱く。第4に，米国政府がメキシコに有利な決定をするようにロビー活動を行ってくれることを期待して，メキシコ系米国人と良い関係を築くことを重視する。

こうしたメキシコ政府による米墨関係の強化は1990年代初頭に始まったが，2000年の歴史的政権交代を経てPANのフォックス政権が発足した前後から，メキシコにおける民主化の過程で，在米メキシコ移民に対する重要な政策変化がみられるようになった。ロバート・C・スミス（Robert Courtney Smith）の時代区分を参考に（Smith 2008），以下，PANのフォックス政権が誕生する2000以前，在外投票権が確立した移民法制定（2005年）を含むフォックス政権期（2000-2006年），カルデロン政権期（2006-2012年），選挙制度改革が実施されたペニャ・ニエト政権期（2012-2018年），移民議席のクオータ制が導入されたロペス・オブラドール政権期（2018年〜）に，在外メキシコ移民の政治参加の機会が段階的に拡大してきた過程を考察する。

3．メキシコの民主化と在外投票

（1）2000年の政権交代と在外投票権の確立

前述のように，在外メキシコ移民とメキシコ政府は，前者がメキシコの政治へ参加する機会を提供することへの関心を共有してきた。こうした共通の関心事項は，メキシコで民主化が進むとともに，在外メキシコ人への投票権の拡大という明確な政治的アジェンダとして提示されることとなった。早期の移民は，ミチョアカン州やサカテカス州といった左派のPRD，およびグアナファト州やハリスコ州など右派のPANを中心とする野党が強い地域の出身者が多いことから，PRI率いる一党支配体制が移民の利益に関心を寄せる動機は弱かった（Muños Pedraza 2016:182）。

　しかしながら，1990 年代に入って，野党が徐々に勢力を増してくると，在外メキシコ人の政治参加を求める動きを後押しする機運が生まれた。1990 年代後半，野党が提出した在外投票権を可能とする憲法改正案を，PRI が棄却したことを受けて，以下に述べるように，在外メキシコ人に投票の権利を認める動きが活発化したのであった。まず，野党と市民社会は，メキシコ国外から移民がメキシコの選挙へ投票することができるよう，選挙法を抜本的に改革することを提唱した。そして，在米メキシコ移民組織からの投票権を求める要求は，在外投票の導入と地方選挙へ出馬する権利拡大へとつながった。さらに，移民リーダーは，在外メキシコ移民の投票権の拡大要求を，メキシコの民主化というより広範なアジェンダへと組み込むことに成功した（Smith 2008:716）。こうした一連の動きは，2000 年の政権交代後に，具体的な政策変化として具現化することとなった。

　2000 年に PAN のフォックス政権が誕生するやいなや，フォックス大統領は在外メキシコ移民の利益代表を拡大する具体的な方策に着手した。2000 年の連邦選挙では，PRI が 71 年に及ぶ一党支配体制の終焉を迎え，PAN，PRI，PRD の 3 党を軸とする政党間競争が常態化すると，在外メキシコ人からの票を動員する動機が高まったと予想される。

　フォックス政権の重要な功績として，次の 3 点があげられる。まず，2003 年には，在米メキシコ人組織及び活動家とのネットワーク構築を目的として，メキシコ外務省内部に在外メキシコ人機関（Insutito de los Mexicans en el Exterior, IME）が設立された（Rivera-Salgado 2006b: 31）。また，フォックス大統領は，在外メキシコ人のための大統領室（Oficina Presidencial para Mexicanos en el Extranejro, OPME）を設置し，移民に対して大統領への「優先的アクセス（privileged access）」を与えるとともに，送金，ビジネス振興，投資，米国市場でメキシコ産品の流通への支援を行っ

た（Bayes and Gonzalez 2011:22）。さらに，IME 内には，米国とカナダ在住
のメキシコ移民代表から構成される CCIME と称する諮問機関（Consejo
Consultivo del Instituto de los Mexicanos en el Exterior, CCIME）が設立された（Bayes
and Gonzalez 2011: 37; Rivera-Salgado 2006b:31）。CCIME は，在外メキシコ移民
コミュニティの利益を代表し，直接メキシコ政府の意思決定に影響を
及ぼしうる場が制度化された点で重要な意味を持つ（Bayes and Gonzalez
2011:23）。とりわけ，CCIME の政治部会（Comisión de Asuntos Políticos）は，
メキシコにおける在外投票権の拡大だけでなく，米国の移民法改正に
向けて重要な役割を果たしたことが指摘されている（Bayes and Gonzalez
2011:29-30）。こうした政治変化に対して好意的な世論に後押しされる形
で，2005 年，在外投票権を認める法改正が実現することとなった（Délano
2011:220-221; Smith 2008:725-726）[2]。

（2）在外投票の実施と低い投票率

　2006 年選挙は，在外投票が実施された最初の大統領選挙であった。
国外居住者への投票権拡大への活発な要求にもかかわらず投票率は極め
て低く，有権者の 1％にも満たない程度であった。在外投票手続きが複
雑であり，投票費用も高いことが，投票率の低さの背景にあった。具体
的に，有権者登録と投票用紙を書留でメキシコへ郵送する必要があるこ
と，投票人身分証明書をメキシコで取得する必要があること，国外での
選挙キャンペーンが禁止されているために政党や候補者についての情報
を得ることが難しいことが挙げられる（INE:2016a, 2016b）。投票率は低かっ
たものの，同選挙の結果は，政治家に在外投票権をさらに拡大し，在外
メキシコ移民からの支持を動員する動機を与えたことが予想される。
　第 1 に，2006 年大統領選挙は，PAN のカルデロン候補と PRD のロペス・
オブラドール候補の接戦となり，カルデロンが有効投票数 1％以下とい
うわずかの差で勝利した。このことは，より多くの在外メキシコ人が投

票していたとしたら，もともと PRD 支持者が多いため，大統領選挙の結果を覆すことになった可能性を示唆する。したがって，たとえ投票率が低くても，在外メキシコ移民の投票はメキシコ選挙に重要な影響をもたらしうることが認識された（Guitiérrez, Batalova, and Terrazas 2012）。

　第2に，**表5-1** が示すように，国内外のメキシコ人の投票パターンは著しく異なる。2006年の大統領選挙において，メキシコ国内では，PANのカルデロン候補（35.89％）と PRD のロペス・オブラドール候補（35.31％）の得票が拮抗したが，PRI のマドラソ候補（22.36％）はこれら2候補に大きく引き離された。他方，在外票についてみてみると，PAN のカルデロン候補が圧倒的に強かった（57.40％）。さらに，ロペス・オブラドール候補の得票率は国内外で大きく変化しなかったが，PRI のマドラソ候補については，国内外の選挙でその支持率が大きく異なることが示される（在外得票率 4.10％，国内得票率は 22.36％）。

表5-1 大統領選挙結果の国内外得票率の比較 (%)

2006 年選挙		
政党 (候補者名)	在外得票率	国内得票率
PAN (カルデロン)	57.40	35.89
PRI (マドラソ)	4.10	22.36
PRD (ロペス・オブラドール)	33.47	35.31
2012 年選挙		
政党名 (候補者名)	在外得票率	国内得票率
PAN (バスケス・モタ)	41.80	25.39
PRI (ペニャ・ニエト)	13.69	28.94
PRD (ロペス・オブラドール)	29.50	19.38

出典 : INE
注 : 2012 年選挙については，他の政党との選挙連合によって獲得した票数は，各政党の得票率を計算する際に含めていない。

　このように在外メキシコ移民票が選挙結果を左右しうる可能性を鑑み，メキシコの主要政党は，さらに在外投票権を拡大することによって，

激しさを増す選挙競争に勝ち抜くために在外票を動員する動機を抱くようになったことが予想される。2012 年の選挙で在外投票における投票率を上げるために，IFE は，一部の無効となった投票人身分証明書の使用を認めたり，投票人身分証明書の更新方法についての情報を普及させたり，有権者登録や投票用紙をメキシコへ送る費用をカバーしたりと，在外投票を難しくする条件を緩和することを試みた。こうして 2 回の在外投票の経験から課題が明らかになると，在外投票権のさらなる拡大に向けた選挙制度改革を求める動きが活発化になっていった。

4．2014 年の選挙制度改革

　前節でみたように，在外投票の低い投票率に対する政治家の懸念が高まり，そして INE の投票率改善に向けた試みにもかかわらず，2012 年大統領選挙における投票率は微増したものの，依然として低い水準にとどまっていた。より正確に述べると，IFE は，2006 年よりも 4,938 より多くの不在票申請を受理したが，有権者登録の簡素化や投票参加向上に向けて IFE が実施した方策を考慮すると，意義のある改善とは言い難いと指摘されている（Guitiérrez, Batalova, and Terrazas 2012）。

　さらに，2012 年大統領選挙の結果を見ても，国内外の投票行動パターンは大きく異なっている。前掲の表 5-1 を見ると，PRI のペニャ・ニエト候補が大統領選に勝利したが，同候補が獲得した移民票は PAN 候補，PRD 候補に比べて圧倒的に少ない。この結果は，ペニャ・ニエトと PRIにとって，在外投票権をさらに拡充する動機を与えたことが予想される。2012 年 12 月，ペニャ・ニエト政権発足直後に，「メキシコのための協定」が主要政党間で締結された。これは，議会審議の硬直化を避け，効果的に経済改革，および政治・選挙改革を実施することを目的とした政党間協力に関する協定である。この協定の下，与党の PRI は自党の法案を通

すために野党との妥協を迫られることとなった。当初，PRI は，野党が
推進する政治・選挙改革に反対していたが，財政およびエネルギー部門
の改革に対する PAN の支持を得るために，政治・選挙改革を支持する
に至ったのであった（Wood 2013）。

　同改革を求める動きは，政府と市民社会から活発化していった。議会
法案は当初，PRD を中心とする野党から提出された（Comisión de Gober-
nación, Cámara de Diputados 2014）。在米メキシコ移民リーダー，移民組織，
活動家は引き続き在外投票権の拡大に向けて改革要求を高めていった。
さらに，2012 年，IFE が改革の具体的法案を作成するために専門家委員
会を設置し，その委員会報告書は議会に提出された（IFE 2013）。活発な
議会審議と交渉を経て，当初，改革に反対の立場を表明していた PRI は，
主に PRD と PAN が中心となって提出した法案を支持するに至った。そ
の結果，2014 年 5 月 23 日には，選挙制度と手続きに関する一般法（Ley
General de Instituciones y Procedimientos Electorales, LEGIPE）が制定されたので
ある[3]。

表 5-2　2014 年選挙制度改革による在外投票制度の主な変更点

	選挙制度改革前	選挙制度改革後
誰に投票できるのか？	大統領	大統領，上院議員，州知事
有権者登録	書留でメキシコへ郵送申請	①メキシコへ郵送申請 ②インターネットで申請 ③居住国の大使館・領事館で申請
投票人身分証明書	メキシコで取得する必要	居住国の大使館・領事館で取得可能
投票方式	書留でメキシコへ投票用紙を郵送	①投票用紙をメキシコへ郵送 ②居住国の大使館・領事館で投票 ③インターネット投票

出典：INE（2016a, 2016b）にもとづき筆者作成。

　新法は，投票人身分証明書を申請する条件，有権者登録申請，投票方
法などの見直すことにより，在外投票手続きを簡便にした。新法制定に
よる在外投票制度の主な変更点は**表 5-2** にまとめられている。こうした
新たな制度の下，実際に在外投票が促進されたかどうか確認するために

122

は，2018年の連邦選挙における在外投票の結果を考察する必要がある。2018年には，2014年の改革後に実施された初の連邦選挙が実施された。同選挙の時点では，在外投票における投票方式は，表5-2の「①投票用紙をメキシコへ郵送」のみが採用された。

　表5-3は，2006年，2012年，2018年と3回の連邦選挙における在外メキシコ人による有権者登録数と投票数を比較したものである。段階的に実施された在外投票権拡大の帰結として，有権者登録数，投票数ともに上昇しつつある。しかし，在外メキシコ移民の全体数が1000万人を超えることを鑑みると，投票率は1%に満たない。こうした改革努力にかかわらず，投票率が低い状況を改善するため，2018年選挙後，在外メキシコ移民の政治参加の拡大に向けてさらなる改革が目指されたのであった。

表5-3　連邦選挙の在外投票における有権者登録数・投票者数の推移（人）

	2006年	2012年	2018年
有権者登録数	40,000	59,000	180,000
投票者数	32,000	40,000	98,000

出典：INE（www.ine.mx, 最終閲覧日：2019年5月9日）

5．インターネット投票と移民議席の導入

　2021年6月6日に実施された選挙において移民の利益代表を促す重要な変更として，在外投票におけるインターネット投票の導入，および連邦議会下院議会およびメキシコ市議会選挙に移民議席（diputación migrante）が設けられたことがある。以下，それぞれについて詳しく説明する。

（1）在外投票におけるインターネット投票の導入

　まず，インターネット投票については従来から検討が行われてきたが，投票マシーンによる不正集計の疑念も深く，導入までには時間を要していた。しかし，新型コロナウィルスが蔓延する最中で選挙が行われたと

の事情もあり，公衆衛生的観点からも，インターネット投票は，選挙運営に携わる人的コスト，人的接触を減らすことが期待された。2020 年 8 月に，INE は，2021 年選挙にインターネット投票を導入することに踏み切った。それ以前には，2012 年に，メキシコ市長選挙における在外投票でインターネット投票が実施された実績がある。こうした過去の実績も，INE による投票方式の大幅な変更を後押ししたことが指摘されている（Iniciativa Ciudadana para la Promoción de la Cultura del Diálogo A. C. 2021b: 27）。

　さらに，2021 年 10 月には，連邦選挙裁判所（Tribunal Electoral del Poder Judicial de la Federación, TEPJF）が，2024 年連邦選挙からは，在外メキシコ移民が居住国の大使館・領事館に出向いて投じる権利を保障するよう，INE に命じた。これにより，2024 年連邦選挙時には，2014 年政治・選挙制度改革で提示された，3 つの方式による在外投票の権利が保障されることになる。

（2）連邦議会下院における移民議席の導入

　次に，2021 年選挙における移民の利益代表にとって重要な意味を持つ移民議席についてみてゆく。メキシコで 2014 年に実施された政治・選挙改革には，議会におけるジェンダー平等の実現が含まれ，連邦・地方レベルの議席の 50％を女性とすることが定められた。その後，こうしたアファーマティブ・アクションの対象範囲が拡大され，2021 年選挙では，女性の他，先住民，障がい者，性的少数者，若者，移民へと広げられることとなったのである。すなわち，これまで過少代表されてきた社会グループの利益が政治へ反映されるように，クオータを設ける試みである[4]。この移民に対するクオータが，移民議席と呼ばれるものである。

　メキシコ国外に在住するメキシコ人は人口の 1 割を超えるとされるものの，2005 年まで投票する権利が認めらなかった。2005 年の選挙制

度改革により在外投票の権利が認められた後，2021 年選挙においては，連邦議会下院議会および首都メキシコ市議会で移民議席が認められることとなり，出馬する権利も認められたことから，在外メキシコ移民の政治参加および利益代表の権利の拡大において重要な意味を持つ。

　メキシコ連邦議会下院は，小選挙区比例代表並立制（拘束名簿式）により議席が選出される。メキシコの連邦議会下院議会を構成する 500 議席のうち，300 議席は小選挙区制で，200 議席は比例代表並立制により選出される。メキシコ全国には 5 つの比例代表区が設けられており，各政党はそれぞれの比例代表区について事前に候補者のリストを提出する。移民議席導入の決定にあたり，各政党は，候補者リストの 10 番目以内に，移民と認められる候補者を含めることが定められた（INE 2021b）[5]。その結果，10 名の移民議員が議席を獲得することとなったのである。

　実際，移民議員は 2022 年度予算審議において，在外メキシコ移民の利益が反映されるべく法案作成に従事している。たとえば，米国シカゴ市在住で，CCIME の座長を務めた経験もある，市民運動（Movimiento Ciudadano, MC）所属のマルティネス・コシオ（Elvia Torres Martínez Cosío）議員は，就任早々「移民アジェンダ（Agenda Migrante）」を公表し，在外メキシコ領事館の移民に対するサービス向上，前政権下で廃止された「3x1 計画」の復活，議会活動の可視化（Parlamento Abierto）の実現に向けて，公約を実行することを試みている[6]。

6．まとめ —— 在外メキシコ移民とメキシコの民主主義 ——

　本章で述べてきたように，在外メキシコ移民が，数十年に渡る長い時間をかけて，在外投票権の確立・拡大を通して母国メキシコに参加し，

移民の利益代表の機会を拡大させてきた。この制度発展は，在外メキシコ移民，母国の家族および出身地コミュニティ，連邦・地方政府，メキシコ外務省（IME，大使館・領事館）といった越境的なネットワークを通して，フォーマル・インフォーマルな交渉を経て進められてきたといえる。現在に至るまで，在外メキシコ移民が投票する権利，および出馬する権利は拡充してきたといえるが，様々な問題点が残されており，現在もさらなる選挙制度改革に向けて活発な交渉が行われている。最後に，現在進行形の改革課題について述べておく。

　まず，2021年連邦選挙では，移民議席が導入されたが，その利益が代表されるはずの在外メキシコ人が連邦議会下院議員選挙に投票する権利は認められていない。現状では，在外メキシコ移民は，大統領，上院議員，一部の州政府・市政府の代表を選挙で選ぶことはできるが，移民代表が議席を有する連邦議会下院議員に自らの選好を反映させることができないのは皮肉である。このことが，在外メキシコ移民の母国の選挙への関心を低下させ，在外投票の低い投票率の一因になっているとの指摘がなされている（Beltrán Miranda 2021）。これに関連し，在外メキシコ移民を対象とした比例代表区を増設すべし，との声も上がっている[7]。

　また，現在のメキシコの選挙法の下では，政党は国外で選挙キャンペーンを行うことが許されていない。したがって，在外メキシコ移民が，政党や候補者についての情報を取得する機会は，メキシコ国内の有権者に比べて限られているといえる。国外の有権者は，主にメキシコにいる家族，インターネットを通して選挙情報を得ることになるが，こうした国内外の有権者の情報格差が解消されない限り，正確な情報に基づいて積極的に選挙に参加し，自分の利益を代表してくれる政党や候補者を選ぶことは難しいといえるだろう。

　こうした問題点が指摘されるものの，在外投票権の確立・拡充，移民

議席の導入といった斬新的な改革は，在外メキシコ移民の政治参加の機
会拡大を超えて，メキシコの政治システム，ひいては民主主義に重要な
含意を持つものといえる。2021年選挙で選出された移民議員は，党派
性の違いを超えて，移民アイデンティティで結束を強め，「移民アジェ
ンダ」の実現に向けて共闘している。この移民議員の導入は，アファー
マティブ・アクションの一環であることから，メキシコにおいてより包
摂的な民主主義を築くことにもつながる。本章で述べてきた，越境的ネッ
トワークを基盤とした，水面下で進行しつつある新たな利益代表の在り
方が，今後のメキシコ政治にとってどのような影響を及ぼすのか，注視
する必要がある。

本章は，日本政治学会2016年度研究大会（2016年10月1-2日開催，於：立
命館大学）での報告，早稲田大学現代政治経済研究所のワーキングペーパー
（WINPEC Working Paper Series No.E1618, March 2017）および科研費研究（課題番号：
17H04512）報告書として掲載された英語論文の一部を大幅に加筆修正し，日本語
で執筆したものである。本章を執筆するにあたり，貴重な知見を提供してくださっ
た，科研グループメンバー，在米メキシコ移民リーダー，メキシコの選挙関係機
関および政治学研究者の方々に記して感謝申し上げる。特に，在外投票権拡大に
向けた移民リーダーの役割について貴重な情報を提供して下さったマルティネス・
コシオ議員、カルロス・アランゴ（Carlos Arango）氏、ラミロ・ゴンサレス（Ramiro
González）氏に記して深謝する。

注

1 この選挙制度改革の一環として，2014年にIFEは国家選挙管理機関（Instituto Na-
cional Electoral, INE）として改編され，地方レベルの選挙の管理も担うこととな
り，メキシコ全土におけるすべての選挙運営の基準の統一化が目指されることと
なった。なお，地方レベルにおける選挙については，各州に設置された選挙管理
機関（Organismos Públicos Locales Electorales, OPLES）が担当し，INEと連携しなが
ら地方選挙（州知事・州議会議員・市長・市議会議員等）の運営にあたる（https://
www.ine.mx/voto-y-lecciones/opl/，2021年11月8日閲覧）。
2 その後，地方レベルでも在外投票権が徐々に確立され，2021年11月現在，メキシ
コの32州のうち22州の州・市選挙で在外投票が実施されている（Iniciativa Ciu-
dadana para la Promoción de la Cultura del Diálogo A. C. 2021a: 7）。
3 政治・選挙制度改革には，在外投票制度の他に，連立内閣の承認，連邦議会議員の
再選禁止条項の緩和,独立候補の出馬容認,IFEをINEへと再編，ジェンダー・クオー

タの導入等が含まれる（Gobierno de la República undated）。

4 当初 IEN は，2021 年選挙に，女性，先住民，性的少数者，若者，障がい者にクオータを設けることを定め，2021 年選挙の準備を進めてきた（INE 2021a）。しかし，在米メキシコ移民，専門家が，移民を含めないのは憲法違反であると TEPJF へ訴えを起こした。その結果，2021 年 3 月，移民も過少代表されてきたグループであることからクオータを設けることを内容とする判決が下された。後述のように，小選挙区比例代表並立制により選出される連邦議会下院議員選挙の比例代表区について，各政党が提出する候補者リストの 10 番目以内に，移民と認められる候補者を含めることが定められた（INE 2021b）。

5 この決定を受けて，各政党は候補者リストの再編を短期間で行う必要に直面したため，同司法判決は選挙準備に混乱をきたしたとの批判もなされている（INE 2021c）。

6 この記述は，筆者が本章を執筆時点（2021 年 11 月現在）のものである。「移民アジェンダ」が明記された文書は，マルティネス・コシオ議員が，自身のフェイスブック上のページに投稿した公開資料に基づくものである（最終閲覧日：2021 年 11 月 1 日）。

7 この点は，マルティネス・コシオ議員が提唱する，先述の「移民アジェンダ」に含まれている。

引用参考文献

Bayes, Jane H. and Laura González 2011 "Globalization, Transnationalism, and Intersecting Geographies of Power: The Case of Consejo Consultivo del Instituto de los Mexicanos en el Exterior (CC-IME)," Politics & Policy 39 (1): 11-44.

Beltrán Miranda, Yuri 2021 "Voto migrante más allá de lo simbólico," El Universal. 3 de noviembre.

Comisión de Gobernación, Cámara de Dipudados 2014 "Dictamen de la minuta con projecto de decreto que expide la ley geneal de institutiones y procedimientos electorales," 15 de mayo.

Délano, Alexandra 2011 "Mexico and Its Diaspora in the United States: Policies of Emigration since 1848," Cambridge University Press.

Gobierno de la República. undated. Reforma Política-Electoral. Gobierno de la República (México).

Gonzáles Gutiérrez, Carlos 1999 "Fostering Identities: Mexico's Relations with Its Diaspora," The Journal of American History 86 (2): 545-567.

Gutiérrez, David, Jeanne Batalova, and Aaron Terrazas 2012 The 2012 Mexican Presidential Election and Mexican Immigrants of Voting Age in the United States. Migration Policy Institute (http://www.migrationpolicy.org，最終閲覧日：2016 年 9 月 9 日).

Iniciativa Ciudadana para la Promoción de la Cultura del Diálogo A.C. 2021a Derechos políticos de la ciudadanía mexicana residente en el extranjero: evaluación de la protección jurisdiccional durante el proceso electoral 2021（https://www.observatoriobinacional.org/，最終閲覧日：2021 年 11 月 13 日）.

——2021b Voto de la ciudadanía mexicana residente en el extranjero: proceso electoral 2020-2021（https://www. observatoriobinacional.org/，最終閲覧日：2021 年 11 月 13 日）.

Instituto Federal Electoral (IFE) 2013 Análisis jurídico, técnico, organizativo y presupuestal de las alternativas sobre el voto de los mexicanos residentes en el extranjero que presenta e el Comité Técnico de Especialistas creado por acuerdo CG753/2012. Resumen ejecutivo. IFE.

Instituto Nacional Electoral (INE) 2016a Carpeta informativa: Credencialización en el extranjero. Enero, 2016. INE.

―― 2016b Voto de los mexicanos residentes en el extranjero. Febrero, 2016. INE.

―― 2021a "Establece INE acciones afirmativas para la participación de grupos vulnerables en elecciones 2021," Central Electoral no.20 (www.centralelectoral.ine.mx, 最終閲覧日：2021 年 11 月 13 日).

―― 2021b "Partidos deberán incluir una fórmula migrante en las listas de representación proporcional," Central Electoral no.103 (www.centralelectoral.ine.mx, 最終閲覧日：2021 年 11 月 13 日).

―― 2021c "La participación política de las y los migrantes en el sistema electoral debe darse en condiciones de igualdad," Central Electoral no.207 (www.entralelectoral. ine.mx, 最終閲覧日：2021 年 11 月 13 日).

Muños Pedraza, Abel 2016 "Experiencias de sufragio extraterritorial en el ámbito local mexicano: Los casos de Michoacán, Distrito Federal y Chiapas," En Gustavo Ernesto Emmerich y Víctor Alarcón Olguín, eds., Sufragio transnacional y extraterritorial: Experiencias Comparadas. Universidad Autónoma Metropolitana Unidad Iztapalapa.

Ochoa O' Leary, Anna. ed. 2014 "Undocumented Immigrants in the United States: An Encyclopedia of Their Experience, " Greenewood.

Rivera-Salgado, Gaspar 2006a "Mexican Migrant Organizations, " In Xóchitl Boda, Jonathan Fox, and Andrew Selee, eds., Invisible No More: Mexican Migrant Civic Participation in the United States. Mexico Institute, Wilson Center.

――2006b "Mexican Migrants and the Mexican Political System, " In Xóchitl Boda, Jonathan Fox, and Andrew Selee, eds., Invisible No More: Mexican Migrant Civic Participation in the United States. Mexico Institute, Wilson Center.

Smith, Robert Courtney 2008 "Contradictions of Diasporic Institutionalization in Mexican Politics: The 2006 Migrant Vote and Other Forms of Inclusion and Control, " Ethnic and Racial Studies 31 (4): 708-741.

Vertovec, Steven 2005 The Political Importance of Diasporas (http://www.migrationpolicy.org, 最終閲覧日：2016 年 9 月 9 日).

Wood, Duncan 2013 A Look at Mexico's Political Reform. Wilson Center (https://www.wilsoncenter. org/article/look-mexicos-political-reform, 最終閲覧日：2016 年 9 月 11 日).

第6章　墨米国境を目指す人々：メキシコ・中米・ダリエンギャップ

渡辺　暁

1．はじめに

　かつて墨米国境を陸路で通過する人々といえば，メキシコから米国へと移民する人々がほとんどであった。しかしメキシコからの移民は2008年のリーマンショック以降減少し（Passel, Cohn and Gonzalez-Barrera 2012），2014年にははじめて，密入国によって国境で拘束された人々の内訳で，それまで圧倒的に多かったメキシコ人が他国の出身者の合計を下回るなど，かつての勢いは衰えを見せている（Gramlich and Scheller 2021, Chart 2）。

　2018年に中米からの移民キャラバンが話題になったことでもわかるように，現在では墨米国境から米国を目指すのは，政治・経済不安や暴力に悩む中米北側のホンジュラス・エルサルバドル・グアテマラの3国の人々が主流となっている。さらにはカリブ海のキューバ・ハイチ，そして旧大陸も含めた世界各地から，まずは南米に入り，中米を陸路で抜けて，墨米国境を目指す人の流れさえも生まれている。本章では，人々はどう国境をめざし，そして通過するのか，をテーマに，前半では2000年代までよく見られたメキシコからの人の移動，後半では中米北部3国からの移民，そしてその他の世界の国々から，中米と南米を結ぶダリエンギャップを通っての人の移動について言及する。

　本論に入る前に，筆者がどんな経緯で本章の着想に至ったのかを簡単

に述べておきたい。筆者は，米国におけるメキシコ系移民についての私の研究（渡辺 2006, 2015;Watanabe 2008）を目にして下さった編者の山崎眞次先生のお声掛けで，この科研プロジェクトに参加することになった。米国側ではロサンゼルス近郊とテキサス州サンアントニオ，そしてメキシコ側でもオアハカ州において調査をする機会をいただき，その成果を『ワセダアジアレビュー』などに発表してきた（渡辺 2018, 2019b）。また中米移民キャラバンについても，本科研のメンバーを中心とする 2019 年度の日本政治学会のパネルで発表し，改稿したものを『ワセダアジアレビュー』に寄稿した（渡辺 2019c, 2020）。

　本章の内容としては当初，中米移民キャラバンについての論考をリバイズそしてアップデートしたものを予定していた。しかし，科研プロジェクトの成果を発表する媒体としての本書で，何を書くべきかとあらためて考えているうちに，「メキシコ以南から米国を目指す人々は，どのように旅をし，どのように（可能な場合においては）墨米国境を超え，そして自らの米国における移民ステータス（在留資格）とどのように付き合っていくのか」という問いにたどりついた。それが，この数年間の調査を束ねる軸とするにふさわしいテーマである，と考えたからである。理論的には極めてルーズなくくりではあるが，本章はこうした角度から，実際の移民の人々の行動や生活にアプローチすることで，本書全体に貢献することを目指している。（なお，渡辺（2015, 2021）は，ユカタン州のペトという町について，カリフォルニア州への移民が始まった 1980 年頃から，移民が数千人にふくれあがる 2000 年代なかばまでの状況を，本章と同じような視点から紹介している。本章の内容に関心を持って下さった方は，ご参照頂きたい。）

　本章は，前半のメキシコからの移民について扱う部分と，後半の中米出身および，中米を通過する移民について扱う部分の 2 つに分かれている。第 2 節では，メキシコ南部のユカタンとオアハカからの移民の事例

を中心に，メキシコからの移民がどのようなやり方で国境を越え，米国に根を下ろしていったのかを，筆者が行ったフィールドワークの成果を中心に明らかにしていく。第3節では，2018年に話題になった中米移民キャラバンを中心に，米国への亡命申請という形での入国を目指し，中米から，そして世界各地から，南米・中米を経由して墨米国境に向かう人々について扱う。

　本編に入る前に，日本語で出版されている先行研究について述べておきたい。墨米（米墨）国境については，三澤（2019）とロメロ（2020）がそれぞれ，メキシコ側から見た移民のイシューを筆頭とする国境問題を扱っている。（なお本章のタイトルの「墨米」国境という呼称は，ロメロ氏の論考よりお借りしたものである。一般的には「米墨」という言い方が圧倒的に多いが，本章はメキシコから米国を見る，という立場からこちらを採用した。ロメロ氏への感謝とともにここに記しておきたい。）

　また山﨑（2016, 2020）も，米国へと移民した自国民ならび中米からメキシコを通過して米国を目指す移民へのメキシコ政府の対応について歴史的経緯を丁寧にまとめている。国境のティフアナの町に注目した永田（2021）は，メキシコを出国せずにティフアナにとどまって，国境という場所のメリットを生かして活躍する高学歴の様々な技能を持った人々について聞き取りを行っている。

　最後に，村山（2020）は，墨米国境の状況そして中米移民キャラバンについて克明に取材を行い，さらにはキャラバンに参加していたアフリカからの移民の証言をもとに，彼らの経路をさかのぼるべく，ダリエンギャップにおける移民の状況を取材した成果を，『エクソダス—アメリカ国境の狂気と祈り—』にまとめている。本章後半の移民キャラバンについての記述は，筆者が本書を入手する前に書いたものであるため，その部分については引用は行っていないが，この本には大いに感銘を受け

たことを，村山氏本人とインタビュー相手をはじめとする『エクソダス』
の出版を可能にしたすべての人たちへの感謝とともに記しておきたい。

2．米国に住むメキシコ系移民 [1]

（1）ユカタン出身者の事例にみる移民の法的ステータス

　筆者は，メキシコから米国への移民の研究を始める以前，メキシコ
の国内政治，とくに民主化や地方政治について研究してきた（渡辺 2002,
2010, 2019a; Watanabe 2009）。その調査の過程で幸運にも出会い，今もユカ
タン滞在時には必ず訪問してお話を聞かせて頂いているのが，南東部ユ
カタン州の小さな町，テルチャック・プエブロ（Telchac Pueblo）に住むドン・
ネレウ・チャン・チー氏（Don Nereu Chan Chi：チャンとチーはともにマヤ語
の名字であり，スペイン語圏では父方と母方の名字を組み合わせて使うことが
一般的）である。かつて市長選挙に立候補するなど，地元のある政党の
リーダーの 1 人であるドン・ネレウは，政治状況以外にも，地元の土地
利用の様子やマヤの薬草の利用法など，テルチャックの村そしてマヤの
文化について多くのことを筆者に教えてくれた方である。

　彼から学んだことの 1 つが，多くの家から「レシデンテ（=residente）」
と呼ばれる米国への移民が出ていること，であった。その後，彼の娘
が結婚した相手も「レシデンテ」であり，結婚後，2 人は米国に渡るこ
とになった。その経緯について，2017 年の 3 月にサウザンドオークス
（Thousand Oaks）で，そして 8 月にオックスナード（Oxnard）で行ったイ
ンタビューをもとに，ご紹介したい。なお，これら 2 つの街はいずれも，
ロサンゼルスの北西に位置するベンチュラ・カウンティ（Ventura County）
にあり，テルチャックからの移民はとくに後者のオックスナードに集中
している。なおオックスナードは，農業労働者の運動そして公民権運動
のリーダーとして知られるセーサル・チャベスが活動していたことでも

知られるように，農業が盛んな地域にある。

　30代半ばの彼は，両親が定期的に農業労働者として米国に出稼ぎに来ていたこともあって，若い頃からグリーンカードを保持していた。メキシコに安定した仕事があったこともあって，とくに米国に住もうという意思はなかったが，数年前のある日，最後の米国出国から半年以上が過ぎてしまい，グリーンカードが失効していることに気がついた。両親からも，せっかく取得したグリーンカードなのだから，なんとか維持できないかと言われ，ティフアナの国境に向かい，親戚が病気になって急に戻れなくなったので再入国を許可してほしい，と説明したところ，入国を許可され，グリーンカードを更新することができた。

　せっかくここまで来たのだからと，知り合いも含む多くのテルチャック出身者が住むオックスナードで，NASA関連の機械部品を作る工場で仕事を始めたところ，それが軌道に乗って米国暮らしも面白くなり始めたため，妻つまりドン・ネレウの娘に観光ビザ（10年間有効：ただし6か月以上続けて米国に滞在できない）を手配させて呼び寄せ，現地で子供も生まれた。子供はもちろん，米国籍である。彼女は当初は観光ビザの決まりに従って定期的に出国していたが，子供が大きくなるにつれそれが大変になったため，米国にとどまることにした。オーバーステイとなった彼女は，就労ビザがないにもかかわらず仕事を始めた。

　最初はタマネギの加工会社で単純労働の仕事をしていたが，メキシコの工科大学でコンピューター科学の学士号を取得していたこともあって重宝られ，同じ会社でアドミニストレーターとして働くようになった。3月の時点で夫は市民権を申請中だったが，8月に再会したときには無事に許可が下り，妻の在留許可についての手続き（就労ビザの申請）も始めている，とのことであった。

　このように，不法移民といっても密入国だけでなく，ビザが切れての
オーバーステイなどのさまざまな事例があり，またそうした事例が必ず
しも強制送還につながるわけでもなく，それどころか場合によっては滞
在延長の申請さえできてしまうのである。このような米国の移民法のシ
ステムや在留資格，そして移民の人々が実際にそれについてどう考えて
いるのかについて，きちんと考えていくことも，移民の社会について考
えていく際に，必要となってくるだろう。

　もちろん多くの移民の人たちが「不法」移民として滞在する中で，彼
らの例は非常に幸運なものだったと言える。筆者は3月の調査で，ユカ
タン出身者の同郷者協会をかつて主導し現在もムンド・マヤ・ファン
デーション（Mundo Maya Foundation: Mundo はスペイン語で「世界」の意）を
主宰するサラ・サパタ・ミハレス（Sara Zapata Mijares）さんによる，「不法」
移民の人たちに対する法的権利の啓蒙活動に同行し，主にユカタン州出
身者を中心に，さまざまな法的ステータスを持つ人たちに話を聞いた。
当時はトランプ政権発足からまだ間がないということもあり，とくにい
わゆる「不法」移民の人たちにとって心配の多い時期であったが，サラ
さんはいわゆる不法移民の人たちに「不法移民であっても（たとえば弁
護士や領事館の担当者を呼ぶなどの）権利がある」こと，逆に「こういう
こと（たとえば偽名を使うこと）をしてはいけない」を，さまざまな機会
を見つけては説いて回っていた（Mijares 2016）。また，ロサンゼルス・カ
ウンティ南東部の弁護士協会（South East District Bar Association）も，いわ
ゆる「不法」移民の人々に対して，法的アシスタンスを提供する無料の
ワークショップ（もちろん実際に弁護士の仕事を依頼するのは有料だが）を，
休日に開催していた。

（2）オアハカ出身先住民組織 FIOB の日常

　2021 年 8 月の調査の主たる目的の 1 つは，オアハカ州出身の先住民を中心とする FIOB（Frente Indígena de Organizaciones Binacionales ＝ 2 国間先住民組織戦線）の事例について調べることであった。筆者がこの組織のことを知ったのは，2004 年に刊行された，米国へと移民したメキシコ先住民についての研究書，*Indigenous Mexican Migrants in the United States*（＝『アメリカ合衆国におけるメキシコ先住民移民』：Fox and Rivera Salgado 2004）によって，であった。この本の中で，メキシコ先住民の組織化の進んだ例として，また母語が先住民言語であるため，英語そしてスペイン語にも難のある人たちを支援する組織として，本書の中心的な存在として扱われていた（編者の 1 人のリベラ教授自身も先住民（ミステコ）であり，一時期この組織の運営にも携わっていた方である）。

　このような活躍を活字で目にしていたこともあり，実際に組織を訪れたときは，率直に言って驚きの連続であった。前述のサラ・サパタ・ミハレスさんから，現在の FIOB の中心的な存在であるオディリア・ロメロ（Odilia Romero）さんのことを紹介して頂き連絡を取ったところ，「5 日の土曜日に『イベントがある』からよかったら来てくれ」という返事がかえってきた。その前の週に FIOB では先住民文学のイベントが行われており，そうした会が今週もあるのか，と思った筆者は，当日の昼過ぎに同組織のオフィスに向かった。

　しかしそのイベントとは，オアハカの 570 の自治体（municipio）の 1 つ，サント・ドミンゴ・アルバラーダス（Santo Domingo Albarradas）の村の出身者のお祭りであった。事情がよく飲み込めていなかった筆者は，とにかく何かが始まるのを待っていたが，4 時頃にやっと，ロサンゼルス生まれのメキシコ系の神父によるスペイン語のミサが始まった。この

ミサが終わると，オアハカの伝統の吹奏楽のバンドの演奏が始まり，夕方6時過ぎから徐々に人も増え始め，最終的にはおそらく300人程度が集まっての「フィエスタ」（fiesta：この言葉はスペイン語で祭りとパーティーの両方の意味を持つ）となった。

　食事も振る舞われ，会場も盛り上がってきたタイミングで，入り口近くの食事が提供されている場所に行くと，なんとそこで料理をサーブしていたのが，ロメロ氏だった。彼女がいっていたイベントとは，法人としてのFIOBの活動ではなく，FIOBの裏庭のスペースを貸し出して行う，オアハカ出身者によるパーティーのことで，しかもFIOBは場所を貸すだけでなく，料理まで提供していたのである。（スペイン語でHay un eventoというとき，確かにこのような集まりを指すことが多い，ということにこの時点でやっと私は気づいた。なお，オディリア・ロメロ氏については，Blackwell（2009）やParra（2020）など，いくつものインタビューが発表されており，彼女の活動や思想を知ることができる。）

　こうしたパーティーは週末，毎週のように行われており，毎週金曜日の夜にオフィスの前の路上で販売する，オアハカ名物のトラユーダスという食べ物（強いて言えば大型のタコスのようなもの）の売り上げとともに，活動資金（少なくとも事務所の維持費）にあてられている，とのことであった。

（3）FIOBがその力を発揮するとき

　調査も終盤にさしかかった2017年8月12日の土曜日，平日は仕事で忙しい移民の皆さんたちから少しでも多くの話を聞きたいと，筆者は午前・午後とアポイントメントを入れていた。ロサンゼルスの南東にあるディズニーランド近くのホテルで，前述の祭りの主催者へのインタビューを予定通り午前中に終えた筆者は，オアハカ州出身者の子弟によるバスケットボール大会が行われていた，イーストLAカレッジの体育

館に向かった。目的はイベントそのものの取材と言うより，FIOB のオ
ディリア・ロメロさんにもう一度会って，より詳しく話を聞くことであっ
た。

　オアハカ政府関係者や市民組織の代表が集まって行われたバスケット
ボール大会の開会式も，それ自体非常に興味深いものだったが，オディ
リアさんの姿はそこにはなかった。携帯に連絡を入れたところ「急用が
できたので行けなくなった。夕方オフィスに来てくれ」との返事がかえっ
てきた。実は彼女にはすでに一度会う約束をすっぽかされていたことも
あり，不安を感じながらロサンゼルス南部にある FIOB のオフィスに向
かい，3 時半過ぎに到着して門をたたいたところ，スタッフの男性が「彼
女はすぐ近くの自宅にいるからそちらに行け」と住所を教えてくれた。
　彼女が話してくれた「急用」の内容は悲劇的なものだった。オアハカ
州出身の 20 歳と 15 歳の若い先住民の新婚夫婦が乗った車が，サンディ
エゴの国境を通過してすぐに，国境警備隊のパトロールに追いかけら
れて逃走中に事故を起こし，彼ら 2 人と密入国請負人（＝コヨーテ）と
みられる運転者が亡くなってしまったというのである（Kucher, Repard and
Winkley 2017; Alvarado 2017）。ミステコ族の彼らが頼ろうとしていた，すで
に米国に住む親戚そして彼らの両親は，ミステコ語が母国語でスペイン
語が不自由なため，先住民の支援を行う NPO で活動し，また法廷通訳
として働くロメロ氏に，遺体の故郷への返送といった事後処理の仕事の
依頼があった，とのことであった。彼らの葬儀は米国で行われ，その後
オアハカに遺骨を送り返す手はずとなったが，こうしたケースにおいて
資金援助をしてくれるはずのサンディエゴのメキシコ領事館の動きも鈍
く，また 500 ドル程度の支出しか許可されなかったため，ロメロ氏は残
りのお金をまかなえるようクラウドファンディングで寄付を募り，必要
な資金を集めたのであった。

138

　この話を聞いたあと，FIOB のオフィスにそのまま残っていると，オアハカ州政府の移民対策局長，アイーダ・ルイス（Aída Ruíz）氏と，同組織のロサンゼルス出張所長のグスターボ・サンティアゴ（Gustavo Santiago）氏がオフィスに現れ，ある村の出身の移民の代表 6 名に対し，FIOB 関係者の立ち会いのもと，今後オアハカ政府がどのようにして，ロサンゼルス在住の移民の人たちを支援する活動を行っていきたいか，についての説明を行い，筆者も自己紹介をして許可を得た上で，その場に立ち会って話を聞かせて頂いた。

　このような形で，FIOB はさまざまな活動を通じて，先住民移民に対する支援を行っている。蛇足ながら付け加えれば，こうした活動において，Facebook などの SNS そしてクラウドファンディングが大きな役割を果たしていることは興味深い。オディリア氏の Facebook ページでは，「〇〇地域のサポテコ語を話せる人を募集」というポストが，折に触れて掲示される。先住民語の中でも地域によって違いがあるため，その言語が話せれば意思疎通ができるわけではないのである。前述の寄付集めに関しても，多くの人々が寄付した金額は 20 ドル程度であった。ひとりひとりは金銭的余裕がなくても多くの人が貢献することによって，様々な活動が可能となるのである。週に一度屋台を出して食べ物を売ったり，パーティー会場を提供したりといった，先住民支援の政治活動とはほど遠いように思える活動も，組織の維持のためには必要なものであるだけでなく，別な形の社会的な関係につながる可能性をはらんだ場を提供している。

　また，ロメロ氏が法廷通訳を職業としている関係で，今後 FIOB が組織として，オアハカ州政府の資金援助も受けながら，先住民言語とスペイン語の両方について，法廷通訳ができるような人材を育てるプロジェ

クトが進行中である，というお話もうかがった。なお，筆者はFacebook
やその他のメディアで，その後の彼らのプロジェクトをフォローしてい
るが，本プロジェクト（Facebook上のアカウント名は，Indigenous Interpreting
program）は本稿執筆時点までに着々と成果を上げており，さらにはコロ
ナウィルスによって大きな打撃を受けた先住民コミュニティの支援とい
う意味でも，大いに貢献している模様である（Rucker 2020）。

（4）サンアントニオでの出会い

　2019年2月，現時点で最後のアメリカでの調査の時，筆者は初めて
サンアントニオを訪れた。予定では現地で活動しているグアナファアト州
出身の同郷者協会を訪ねるはずで，アポを取って代表者の方のオフィス
にお邪魔したが，人の気配がない。約束の場所はここで良かったのかと
不安になりながら，オフィスビルのロビーで少し待っていたところ，別
の方が会いに来てくださった。メキシコシティ出身のディアナさんは，
20年ほど前に幼い3人の息子さんと，国境の川リオ・ブラーボを渡っ
てやってきたとのこと。ご自分で経営している商売もうまく行っており，
また一緒に川を渡った息子さんたちはいずれも成人し，ご長男は生物系
の博士課程で勉強されている，とのことだった。また壁にはご自身が描
いた絵が飾ってあったり，地元の元大学教員を囲むドン・キホーテの読
書会にも参加されたりと，多方面にご活躍されていて，初対面だったに
もかかわらず，いろいろな話をして下さった。
　ちょうどこのとき，2018年秋の移民キャラバンがイーグルパスと国
境を経て接するピエドラスネグラスの町に集まっている，との情報を得
ていたので，そのことについても話を振ってみたところ，複雑な気持ち
だ，とおっしゃり，また現地に行こうと思っている，と言ったところ，
イーグルパスまでの道は遠いし（サンアントニオとイーグルパスの距離は約
230キロメートル），しかも大型トラックが多いから，運転もとても大変

だし危ないよ，と言われ，取りやめることにした。（なお，このピエドラスネグラスに集まった移民キャラバンの動向については，メキシコの北部国境大学（El Colegio de la Frontera Norte）が2019年3月に詳細なレポートを発行している（COLEF 2019）。

　ディアナさんは「今度サンアントニオに来たときは泊まっていきなさい」とも言って下さった。コロナでいつ実現するかはわからないが，そのときにはまたいろいろなお話をさせて頂けたら，と思っている。

3．中米移民キャラバン：メキシコ以南からの移民[2]

（1）中米移民キャラバンはいかにして始まったのか

　2018年春，中米の国々から墨米国境へと向かう「キャラバン（caravana migrante）」と呼ばれる移民集団のことが広く報道され，4月1日のトランプ・米国大統領のツイートによってさらによく知られるようになった。同年10月には，4月のものより更に大規模の「キャラバン」が，ホンジュラス第二の都市，サンペドロスーラ（San Pedro Sula）で組織され，再び墨米国境に向かった。

　彼らの多くは国境警備のすきをついて米国に入ること，つまりいわゆる「不法入国」を目指すのではなく，米国への亡命申請をし，合法的な入国を目指していた。また，多くの移民が幼い子どもを連れて参加し，そうした子供たちが犠牲になったり，あるいは収容所で親子が引き離されたり，といった点でも，話題になった（Wang 2018）。

　本節の後半では，この移民キャラバンと呼ばれる，集団での人の移動について紹介する。経済の停滞と悪化する治安に苦しむ中米の国々，とくにホンジュラス・エルサルバドル・グアテマラの3か国から，メキシコを経由して米国に向かう人の流れは，以前から存在していた。しかし，ここまで大規模な集団での移動は2018年のものがはじめてであっ

た。こうした人の移動がどのようにして生まれたのか，そして移民キャラバンに参加する人々は，どのような理由で，何を目的としてこれに参加しているのか。こうした点について，本章は報道やインターネット，とくにソーシャルネットワークなどから得た情報を元に分析する。

　キャラバンの原型となったのは，2011年1月に移民を支援するNGOによって企画された抗議行動である。ミシガン大学人類学部の大学院生（当時），フランク・ビターレ（2022年6月現在プリンストン大学講師）は，その当時，ある移民を保護するシェルターで調査をしていて，最初のキャラバンに「引き込まれた」（Frank-Vitale 2018; Frank-Vitale y Núñez-Chaim 2020）。その活動には人権活動家やジャーナリストそして学者たちが参加し，チアパス州のアリアガからオアハカ州のイステペックまでの数百マイルを，数百名の移民たちとともに歩いたという（Frank-Vitale 2018）。このキャラバンの活動はその後も拡大し，2014年にはメキシコ・グアテマラ国境のナランホからメキシコシティに到達し，大統領府の前で「安全な通行」を求めてデモを行った。そして2017年にははじめて，グアテマラから墨米国境まで移動する中米移民を組織化した。これには数年前から「受難の道」と呼ばれるデモ行進を行い，メキシコ政府の中米移民に対する厳しい扱いに抗議してきたNGO「国境なきプエブロ（Pueblo Sin Fronteras）」も貢献している。

　最初にメディアの注目を集めたのは，2018年春に組織されたキャラバンである（Flores 2018や，彼の一連の記事や同記者のツイートなど），そうした反応は前述のトランプ大統領のツイートを引き出した。このキャラバンは，3月25日あるいは26日にメキシコのチアパス州で「結成」されたあと，北上してオアハカ州に入り，女性と子どもを中心とするその一部は，同州のマティーアス・ロメロ（Matías Romero）という町で逗留

することになった。この町で彼らは，飲料水の支給や健康を保つための
処置を地元自治体から受けた。また，メキシコの出入国管理局（Instituto
Nacional de Migración）から派遣された事務官が，メキシコにとどまる予定
の人々には 30 日間，米国に向かう人々については 15 日間の，滞在許可
を出すなどの対応をとった（Castillo Santiago 2018）。「国境なきプエブロ」
によれば，キャラバンはこの時点では 1,200 名程度のグループだったが，
彼らのうち約 300 名は 4 月の終わり頃にティフアナに到達し，難民申請
を待つところまでこぎ着けた（Matías 2018; Miroff 2018）。

（2）2018 年 10 月の大キャラバン

　2018 年 10 月 23 日のワシントンポストのシーフ記者の記事（Sieff 2018）
は，このキャラバンのきっかけを作ったのが，ホンジュラスのジャー
ナリストであり，野党の政治家でもあるバルトロ・フエンテス（Bartolo
Fuentes）氏だったと報じている。フエンテス氏はホンジュラスからの脱
出を計画していた人々から，3 月のキャラバンの経験を生かしたい，と
問い合わせがあったことを受け，10 月 5 日，自分のフェイスブックに，
「キャラバンへの参加を希望する人 10 月 12 日にサンペドロスーラのバ
スターミナルに集合すること」という募集を出した。これに呼応して，
11 日の夜からバスターミナルに人々が集まり，キャラバンの最初の数
日の様子が報道されたことによって，さらに参加人数が増えていき，出
発から数日がたつと，もはや誰もこのキャラバンが「どう始まったのか」
をきちんと説明することはできなくなっていた。そして，これに呼応し
てエルサルバドルとグアテマラで,合わせて 3 つのキャラバンが発生し,
墨米国境を目指すことになった 。

　この記事はキャラバンに参加した人々のさまざまな声を紹介してい
る。ある女性は 10 月 12 日，つい最近いとこと開業したトルティーヤ屋
にギャングが来て，利益の半分を払わなければ殺すと脅された。ちょう

どそのとき SNS で「キャラバン」について知り，3 時間後には荷物をまとめていたという。（ある Youtube の動画によれば，男性，とくに若い男性の場合は，ギャングに誘われ，仲間に加わらなければ危害を加えると脅されて国を出た，という者もいた［RT 2019］。）エルサルバドルでキャラバンのことをテレビで見て，バスのチケットを買い，途中で合流した，という女性もいた。数か月前にホンジュラスを出たものの，メキシコ南部からそれ以上進めずにいたという男性も合流した。ある朝の 4 時，友人が訪ねてきて「行くぞ」とだけ言われ，30 分で支度をしたという 16 歳の少年もいた。シーフがメキシコ最南端・チアパス州のウイシュトラ（Huixtla）で聞き取りしたこれらの証言から，ソーシャルメディアが重要な役割を果たしたこと（9 月頃からフェイスブックに移民を募るポストが掲示されていた），それに加えてテレビでもキャラバンのことが報道されており，多くの参加者がそれらに影響を受けたこと，そして彼らの多くが，失うものはなにもないとばかりに，迅速にキャラバンへの参加を決めたのである。

　彼らは 11 月の半ば頃から，ティフアナに到着するようになる。10 月 19 日に最初のキャラバンがメキシコの南の国境についてから，約 3 週間でメキシコを通過したことになるが，これは徒歩だけでなく，輸送用のトラックや，市民団体や地方自治体が用意したバスなどで移動したからである。11 月 14 日にはティフアナ市がスポーツ施設を開放し，2,000 人を収容すると発表したが，ティフアナに到着する移民の数は膨れ上がり，11 月 28 日には収容者数は 6,151 名に達した。移民たちを集めたこの施設には，移民局や保健局などの臨時事務所，さらにはホンジュラスの臨時領事館が設けられ，人道的な滞在許可の発給や医療サービスにあたった。なお，メキシコ国内（とくに鉄道の路線沿いなど，移民たちの経路

となる地域）にはこうした中米からの移民を収容する民間のシェルター（albergue）がいくつも存在し，宿泊施設としてまた食料を提供するなどして，移民たちの支援を行ってきた（Li Ng 2020）[3]。

11月25日には約300人の移民が国境のゲート前でデモを行った。デモが終わろうとする頃に一部の人々が国境を越えようと走り出し，事態は緊迫した。彼らの言い分としては，「不法移民」として米国に入国した後でも，法律上は亡命申請を行うことができるため，とにかく米国側に入ってしまおう，としたわけである。このためゲートは閉鎖され，その上，多くの子どももいたにもかかわらず，催涙弾が発射されるなど緊張が高まり，42名が拘束された。また，米国の対応の遅さに業を煮やして，メキシコで亡命申請をする人々も出てきた。11月29日には大雨が降り，収容施設が水浸しになったため，収容されていた移民たちの一部は別の施設に移った。しかし，当初入所登録をした約6,000名のうち，2,000名はすでにいなくなっていた（COLEF 2018）。

キャラバンという現象はなぜ起こったのだろうか。これについては様々な要因が考えられるが，ここではキャラバンの事情におそらく最も詳しい研究者であるフランク・ビターレの言葉をひいて，キャラバンの何が特別だったのかを考えてみたい。彼女は2011年の最初の「キャラバン」に参加したほか，2018年のキャラバンにも参加し，メキシコ南部のチアパス州でメキシコの警官隊と移民キャラバンが一触即発の状況になった時のこと，そして隣のオアハカ州に入り，ある町の町長が食事とバスでの移動，そして自らの靴を提供したことなどを，多様な参加者の横顔と共にNACLAというシンクタンクのサイトに発表している（Frank Vitale 2018）。またその後，チアパス自治大学の人文社会系の雑誌に，ヌニェス・チャイムとの共著で発表された論文（Frank Vitale y Núñez Chaim 2020）

では，このキャラバンという現象の最大の特徴であり強みが，その「ハイパービジビルティ（hypervisibility）」つまり過剰なまでの可視性にあると指摘している。

　他方，「ハイパービジビルティ」は彼らの最大の弱点でもあった。2019年3月のCNNのアルバレス記者の記事（Alvarez 2019）は，新たなキャラバンはなぜ生まれなかったのだろうか，という疑問に向き合っている。彼女によれば，取材の時点で約1万人の中米出身者がメキシコを北上しているが，彼らはキャラバンではなく，小さなグループで行動していると米国の国土安全保障省は推定していたが，彼らはキャラバンにまとまることはなかった。同じ記事の中で移民政策インスティテュート（Migration Policy Institute）のシーリー（Andrew Selee）は，キャラバンは安全な移動手段であったものの，キャラバンは米国とメキシコの両政府に監視される存在でもあったため，国境に到着したあと米国に入ることが非常に困難であることが明らかになったのだと分析している。（ただし，後述するように，2020年のバイデン政権誕生直前にもキャラバンは発生しているため，それらの見方が確実に正しい，ということもできない。）

（3）その後の移民政策：ロペス・オブラドール・バイデン・新型コロナウィルス

　2018年12月に大統領に就任した，左派のロペス・オブラドール（Andrés Manuel López Obrador）は，中米からの移民に期待を抱かせる存在であった。彼は実際，就任当初は「中米の兄弟」の面倒を見ることを宣言し（ロメロ 2020），2019年1月には，中米からの入国希望者に対して人道ビザを発給するなどの措置もとり，移民局の局長に，北部国境大学院大学の学長だったトナティウ・ギジェンを任命したことも，移民の立場に立つという姿勢の表れだったと考えていいだろう。

　しかし，彼の当初の姿勢はトランプ大統領の米国の圧力によって変化

していく。トランプ大統領は NAFTA の見直しによる関税の大幅引き上げをちらつかせ，米国に向かう移民の数を減らすための交渉材料にした。つまり，中米からの移民たちを墨米国境にたどり着く前に押さえろ，ということである。この圧力に対し，メキシコ政府の移民への姿勢は徐々に後退していくこととなった。人道ビザの発給は 2 か月ほどで中止となり，期待されたトナティウ・ギジェンも 6 月には早くもその職を辞することとなった。

　2020 年 1 月，バイデン新大統領の就任を前に，新政権への期待から再びキャラバンが出発した。しかし，4,000 人規模まで膨らんだこのキャラバンはメキシコまで辿り着くことさえなく，1 月 19 日（就任式の前日）にホンジュラス＝グアテマラ国境で解散させられた。米国の移民キャラバン抑制の最先端は，そこまで南下しているのである。また，2021 年 6 月に初めての海外歴訪先のグアテマラを訪れたカマラ・ハリス副大統領が，"Do not come, do not come." と発言するなど，バイデン新政権発足後も，米国政府による移民・難民の受け入れは厳しい状況が続いている。

　移民の移動の自由を奪ったもう 1 つの重要な要因は，新型コロナウィルスである。2020 年 3 月，中米 3 国では新型コロナウィルスによって人の移動が制限されるようになり，米国に向かうことも困難となった（Ernst 2020：ただし，米国からの強制送還は続き，新型コロナウィルス拡散に寄与したと見られている）。新型コロナウィルスはまた，不法入国者をすぐに国外退去する口実を米国に与えた。それは「タイトル 42」と呼ばれる，伝染病が流行している地域からの入国を制限する規定である。本来であれば中米からの移民はメキシコではなく出身国に送還されるはずだが，この制度の規定によりメキシコに直接「追放」できることになったのである（Miroff 2020）。

　新型コロナウィルスは，メキシコと米国の関係にも影響している。
2021 年 3 月，米国政府はメキシコ（とカナダ）に新型コロナウィルスの
ワクチンを供給すると発表した。それは移民対策への見返りか，との質
問に対し，米国の報道官は「並行して行われている交渉だ」と述べてい
るが，少なくともこの発表が移民関連の他の交渉のさなかになされたこ
とは，注目すべきであろう（Kitroeff et al. 2021）。これとほぼ同時期の報道
では，1 月 25 日から 2 月 16 日までの間にメキシコ政府によって，2,100
人（そのうち 300 人が子供）が拘束されたことも報じられており，元移民
局長のトナティウ・ギジェンは，こうした取り締まりは前例がないと話
している（Diaz et al. 2021）。

　こうしたことから，米国のメキシコや中米諸国への政治的圧力はトラ
ンプ政権以後も様々な形で継続していて，ロペス・オブラドール大統領
もそれを受け入れた，ということが言えるだろう。

（4）南米から墨米国境へ：ダリエンギャップを通過する移民たち

　2018 年の移民キャラバンによって中米からの移民が注目を集めたが，
それと並行して，さらに遠くから墨米国境を目指す人々がいた。アラル
コンとオルティス（Alarcón and Ortiz 2017: 175）は，2016 年の「ティフアナ
移民の家」の報告として，アフリカや東欧なども含む 27 か国からの移
民が「移民の家」にやってきたという。中米以外の国々からたどりつ
いた移民たちの多くは，南米コロンビアと中米パナマを結ぶダリエン
ギャップを陸路で抜けようとする人々である。彼らの多くは，カリブ海
のキューバとハイチから来る人々であるが，なぜ南米を通過するのだろ
うか。そしてなぜ旧大陸の人々も，南米そして中米を経由して墨米国境
を目指すのだろうか。

　それには彼らの出身地固有の理由がある。たとえばキューバからの移
民の場合は皮肉にも，2015 年頃から始まったキューバと米国の政府間

の国交正常化に向けた外交交渉が引き金となった。米国と対立してきた
キューバについては,「ウェットフット・ドライフット政策」と呼ばれる,
米国に陸路で入国すれば半ば自動的に在留資格取得に向けた手続きが始
められる制度があった。しかし国交正常化によって逆にそれが利用でき
なくなるという懸念から,2015年に脱出者が増加したのである。それ
と同時に,一般的であったフロリダにボートで渡るという経路は警戒が
厳しく,それを避けるため,ボートでコロンビアに上陸し,そこからダ
リエンギャップを通って中米を北上するという経路が生まれたのである
(Miraglia 2016)。

　ハイチからの移民の多くはブラジルを経由してダリエンギャップにた
どり着く。ブラジルは元々,人の移動が制限される傾向の強い現代にお
いて,難民を積極的に受け入れてきたが,ハイチについても,2010年
に同国を襲った大地震以降,難民申請が増えたのに呼応して,2012年
にRN-97と呼ばれるプログラムを打ち出し,ハイチからの難民に人道
的な理由による滞在への道を開いた(IOM 2014)。ブラジル政府はさらに
2015年からは積極的に労働ビザを発給し,彼らは通常のインフラ整備
に加えて,サッカーのワールドカップやオリンピックの準備の現場でも
働いた。こうした仕事が終わるとともに,多くのハイチ人たちはブラジ
ル以外の南米の国々に移住したりもしたが,その多くが米国を目指した
のである(Alarcón and Ortiz 2017: 171-172)。

　最後に,ユーラシア大陸そしてアフリカ大陸からの移民はどのような
経路で南米大陸に入るのだろうか。ミラグリア(Miraglia 2016)によれば,
2008年に観光ビザを撤廃するなど,入国が容易なエクアドルが,南米
大陸の入口になったと指摘する。また,日本人でおそらくただ1人ダリ
エン現地を取材した,ジャーナリストの村山祐介(2020:255-257)は,ダ
リエンに入る前にティフアナでカメルーン出身の少数民族の移民にイン

タビューしている。彼女は迫害を受けて故郷を出ざるを得なくなったが，距離的に近いとはいえ，ビザが必要なヨーロッパの国々には入国できなかったため，ビザが不要でそのまま飛行機で入国できるエクアドルをめざし，その後陸路でティファナまでたどり着いたという。

　このように，南米大陸から陸路をつたって米国を目指す人々は，様々な形で移動してきた結果，墨米国境にたどり着いているのである。

　こうした南米から中米をへて墨米国境を目指す移民の波は，2021年の本稿執筆時点でも続いている。IOM，国際移民組織の2021年10月8日の記事によれば，2021年の最初の9か月間だけで91,300人以上の移民が，墨米国境を目指すべくパナマを通過していると報じている（UN Migration 2021）。また，最近ではダリエンギャップを越えようとする子供の移民についても，注目が集まるようになっている（UNICEF 2021）。なお，彼らの多くはハイチ人である。9月27日付のロイター通信の記事（Moreno 2021）は，数千人ものハイチ人を中心とする移民がパナマを通過していると報じ，AP通信はそうした移民の間に多くの死者が出ていることを伝えている（Zamorano 2021）。

　なぜハイチの人々は，南米の国々から，しかも子供を連れて，そのような危険なたびに出るのだろうか。米国に向かうハイチ人の多くは前述のように，すでにハイチを出国してブラジルなど，ラテンアメリカの国々に住んでいた人々である。彼らは「米国のバイデン大統領がハイチからの難民を受け入れている，とくに子供がいると受け入れられやすい」との情報を得て，それまで住んでいたブラジルやチリから，よりよい環境を求めて米国を目指したのである。しかし，米国政府は難民受け入れに対する態度を硬化させ，しかも再び「タイトル42」を理由に，彼らをハイチに送還したのである（Merancourt et al. 2021, Merancourt and Faiola 2021）。

　このことが知れ渡ると，亡命申請してもハイチに強制送還されるので
は意味がない，という理由から，10月にはハイチからの亡命申請は激
減したが（Miroff 2021），厳しいとはいえハイチにいるよりは安定してい
た南米での生活を捨てて，墨米国境を目指す人々の流れは今も続いてお
り，今後どのような行動を取るのか，彼ら自身も態度を決めかねている
状況である（Hernández and Leaming 2021）。たとえばロイター通信の報道に
よれば，ハイチ人の一部は，彼らの多くが亡命申請を行ったテキサスで
は，難民申請どころかハイチへの強制送還が待っているとわかると，ハ
イチ人のネットワークを利用してティフアナに移動し，サンディエゴへ
の越境を目指しているという。また，場合によってはチリで生まれた子
供の国籍（チリ人には日本人のような米国入国にあたってのビザ免除プログラ
ムがある）を利用して入国を目指す人もいるという（Diaz 2021）。こうし
た移民のネットワークの広がりや，使えるものは何でも使うという姿勢
は，驚嘆すべきものではないだろうか。

　また，アラルコンとオルティス（Alarcón and Ortiz 2017）の調査で指摘さ
れているように，ティフアナでは到着するハイチ人移民に対し，キリス
ト教系のものを中心とする非営利団体，つまりメキシコの市民社会によ
る支援が（各国政府が適切な対応を取れずにいる間も）行われている。こう
した現象は2021年現在のテキサス州デル・リオにおけるハイチからの
移民の増加の際にも報告されており，国境の川リオ・グランデ対岸のメ
キシコ側の都市，シウダー・アクーニャでは，市民団体や宗教団体が米
国に渡ることをためらう移民たちのシェルターを作ることを行政に働き
かけて実現している（Hernández and Leaming 2021）。こうしたメキシコ側の
動きも，米国の移民受け入れ政策や移民の動向と合わせて，特筆されて
しかるべきだろう。

4．おわりに

　本章では，移民の人々が実際にどのように墨米国境を越え，あるいは越えようとしているのか，そして，米国にたどり着いた人々もそうでない人も，どのように自分たちの現状に向き合っているのか，といった問いから出発して，前半はフィールドワークの成果にもとづきカリフォルニアのメキシコ系移民について，後半については報道を読み解くことで中米出身及び中米を通過して国境を目指す人々について，彼らの行動を明らかにしようと試みてきた。研究という営みにおいては多くの場合，こうした移民の動向も政策や社会的行動という形で抽象化されてしまうが，本章で取り上げた事例を通して，移民の人々を取り巻く状況，そして彼らがそれにどう対処しているのかが，読者の皆さんに少しでも伝われば，そして本書の他の章の議論を補完するものになっていれば，幸甚である。

　なお，最後のハイチからの移民の例でもわかるように，移民の人々をめぐる状況そして彼らの動きは，様々な外的な条件や彼ら自身の意志によって，今後も刻々と変化していくことが予想される。本稿は 2018 年から少しずつ書きためていったものを，2021 年 11 月中旬の時点でまとめたものであり，それまでの記録として，できれば最新情報と突き合わせながら，読んで頂けるとありがたい。

注

1 第 2 節の最初の 3 項の内容は，筆者が以前に書いた論考（渡辺 2018）を下敷きにしている。

2 第 3 節の内容は，筆者が以前に書いた論考（渡辺 2019c，2020，2022）を下敷きにしている。

3 こうしたシェルターの中でも代表的なものとして，カトリックのソラリンデ神父が運営するオアハカ州イステペックの「道行く兄弟たち（Hermanos en el Camino）」があげられる（Solalinde y Minera 2017）。

引用参考文献

Alarcón Acosta, Rafael and Cecilia Ortiz Esquivel 2017 "Los haitianos solicitantes de asilo a Estados Unidos en su paso por Tijuana," Frontera Norte, 29 (58), pp.171-179.

Alvarado, Isaías. 2017. "La tragedia de los jóvenes recién casados que murieron en persecución con la Patrulla Fronteriza." Univisión Los Angeles, 25 de agosto, URL: http://www.univision. com/los-angeles/kmex/noticias/muertes/la-tragedia- de-los-jovenes-recien-casados-que-murieron-en-persecucion-con-la-patrulla- fronteriza.

Alvarez, Priscilla 2019 "What happened to the migrant caravans?," CNN, March 4, 2019.

Blackwell, Maylei 2009 "Mujer rebelde: testimonio de Odilia Romero Hernández," Desacatos: Revista de Ciencias Sociales, 31, pp. 147-156.

Castillo Santiago, Víctor 2018 "Llega a Matías Romero caravana 'Víacrucis Migrante 2018':no le tememos a Trump," El Sol de México, 3 de abril.

Diaz, Lizbeth 2021 " 'We made it' :Haitians learn from experience to reach Mexico's Tijuana," Reuters, March 16.

Diaz, Lizbeth y Laura Gottesdiener 2021 "Redadas migratorias arrasan México mientras crece partida de centroamericanos hacia EEUU," Reuters, March 16.

El Colegio de la Frontera del Norte (COLEF) 2018 "La caravana centroamericana de migrantes en Tijuana, 2018: Diagnóstico y propuestas de acción," El Colegio de la Frontera del Norte, diciembre de 2018.

——— 2019 "La caravana centroamericana de migrantes en Piedras Negras, Coahuila 2019: Diagnóstico y propuestas de acción," El Colegio de la Frontera del Norte, marzo de 2019.

Ernst, Jeff 2020 "How coronavirus has halted Central American migration to the US," The Guardian, Apr. 2.

Flores, Adolfo 2018 "A huge caravan of Central Americans is headed for the US, and no one in Mexico dares to stop them," BuzzFeed, March 31.

Fox, Jonathan and Gaspar Rivera Salgado, eds. 2004 "Indigenous Mexican Migrants in the United States, " La Jolla: Center for US-Mexican Studies, Center for Comparative Immigration Studies, University of California, San Diego.

Frank-Vitale, Amelia 2018 "From Caravan to Exodus, from Migration to Movement, " NACLA, November 20.

Frank-Vitale, Amelia y Margarita Núñez-Chaim 2020 " 'Lady Frijoles' : las caravanas centroamericanas y el poder de la hípervisibilidad de la migración indocumentada," EntreDiversidades: Revista de Ciencias Sociales y Humanidades, vol.7, núm.1 (14), pp.37-61.

Gramlich, John and Alissa Scheller 2021 "What's happening at the U.S.-Mexico border in 7 charts," Pew Research Center, November 9.

IOM (International Organization for Migration) 2014 "Haitian Migration to Brazil: Characteristics, Opportunities and Challenges, " Buenos Aires: IOM Regional Office for South America.

Hernández, Arelis R. and Whitney Leaming 2021 " 'People will always come' : Inside a Haitian's journey without end, " Washington Post, October 7.

Jeffrey S. Passel, D'Vera Cohn and Ana Gonzalez-Barrera 2012 "Net Migration from Mexico Falls to Zero-and Perhaps Less, " Pew Research Center, April 23 (https://www.pewresearch.org/hispanic/2012/04/23/net-migration-from-mexico-falls-to-zero-and-perhaps-less/).

Kitroeff, Natalie, Maria Abi-Habib, Zolan Kanno-Youngs and Jim Tankersley 2021 "U.S. to send millions of vaccine doses to Mexico and Canada, " New York Times, March 18.

Kucher, Karen, Pauline Repard and Lyndsay Winkley 2017 "3 killed in high-speed border patrol chase on San Diego Freeway, " Los Angeles Times, August 11.

Li Ng, Juan José 2020 "Mapa 2020 de casas del migrante, albergues y comedores para migrantes en México, " BBVA Research, 2 de marzo (https://www.bbvaresearch.com/en/publicaciones/map-2020-of-migrant-houses-shelters-and-soup-kitchens-for-migrants-in-mexico/).

Matías, Pedro 2018 "La Caravana de Migrantes es un éxito 'gracias a Trump' : Pueblos Sin Fronteras, " Proceso, 4 de abril.

Merancourt, Widlore, Anthony Faiola and Arelis R. Hernández 2021 "Haitian migrants thought Biden would welcome them. Now deported to Haiti, they have one mission: Leave again, " Washington Post, October 1.

Merancourt, Widlore and Anthony Faiola 2021 "Deportees land in Port-au-Prince: 'Nobody told us we were going back to Haiti' , " Washington Post, Sep. 20.

Miraglia, Peter 2016 "The Invisible Migrants of the Darién Gap: Evolving Immigration Routes in the Americas, " Council on Hemispheric Affairs, November 18.

Miroff, Nick 2018 "At the U.S. border, a diminished migrant caravan readies for an unwelcoming reception, " Washington Post, April 27.

—— 2020 "Under coronavirus immigration measures, U.S. is expelling border-crossers to Mexico in an average of 96 minutes, " Washington Post, March 31.

—— 2021 "Border crossings by Haitian migrants plunged in October, CBP data show, " Washington Post, November 11.

Moreno, Elida 2021 "Thousands of mostly Haitian migrants traverse Panama on way to United States, " Reuters, Sept. 26.

Parra, Raúl 2020 "CIELO, resistencia lingüística indígena transnacional: Entrevista con Odilia Romero, " Punto de partida: La revista de los estudiantes universitarios, UNAM, 226.

RT Documentary 2019 "Moving Migrants. Meet activists who launched the migrant caravan marching toward the United States, " RT (=Russia Today), YouTube, Sept. 20 (最終アクセス日 2021 年 11 月 5 日) .

Rucker, Gabrielle Octavia 2020 "When COVID-19 Hit the Indigenous Communities in L.A., This Group Stepped In, " Vogue, August 18.

Sieff, Kevin 2018 "How the migrant caravan became so big and why it's continuing to grow, " Washington Post, Oct. 23.

Solalinde, Alejandro y Ana Luz Minera 2017 "Solalinde: los migrantes del sur, " La Jornada, 25 de noviembre.

UN Migration 2021 "More Than 91,000 Migrants Have Crossed Darien Gap on Way to North America This Year." October 8.

Wang, Amy B. 2018. "The U.S. lost track of 1,475 immigrant children last year. Here's why people are outraged now, " Washington Post, May 29, 2018.

Watanabe, Akira 2008 "Expanding Mexican Migrant Society and the Mexican Government, "

Anales de Estudios Latinoamericanos（『ラテンアメリカ研究年報』）28, pp.31-63.

―― 2009 "Procesos electorales locales después de la alternancia: elecciones gubernamentales de 2001 y 2007 en Yucatán," en Othón Baños Ramírez y Arcadio Sabido editores, ¿Democracia? procesos electorales y participación ciudadana. Yucatán 2001-2007. Mérida: Universidad Autónoma de Yucatán, pp.187-218.

Zamorano, Juan 2021 "Panama burying more migrant victims of brutal Darien Gap," AP, October 4.

Zapata Mijares, Sara 2016 "Derechos de los inmigrantes indocumentados en EEUU," Juntos: guía de inmigración, 24-25. Norwalk, CA: El Clasificado.

永田夕紀子 2021「米墨国境地帯に移住・集結するメキシコ高度人材―ティフアナの新しい姿―」『ワセダアジアレビュー』no.23, 47-52 頁。

三澤健宏 2019「メキシコ・中米との関係を通して見る米国の移民政策」『統計』1 月号, 9-16 頁。

村山祐介 2020『エクソダス―アメリカ国境の狂気と祈り―』新潮社。

山崎眞次 2016「メキシコ政府の新移民政策」『早稲田大学政治経済学部教養諸学研究』141, 87–109 頁。

―― 2020「移民キャラバンに対するメキシコ政府の対応」『ワセダアジアレビュー』no.22, 65-70 頁。

ロメロ・イサミ 2020「メキシコと中米からみた墨米国境問題」『歴史学研究』第 995 号, 4 月, 45-53 頁。

渡辺暁 2002「2001 年ユカタン州知事選挙をめぐる政治過程―PAN 政権誕生後のメキシコ地方選挙―」『ラテンアメリカ研究年報』第 22 号, 1-34 頁。

―― 2006「書評論文：アメリカ合衆国のメキシコ系移民社会」『イベロアメリカ研究』第 28 巻 1 号, 73-86 頁。

―― 2010「メキシコ―文民権威主義体制からの民主化と選挙―」吉川洋子編『民主化過程の選挙―地域研究からみた政党・候補者・有権者―』行路社, 173-194 頁。

―― 2015「メキシコからアメリカ合衆国への移民―ユカタン州の事例にみる出身地と移住先を結ぶネットワーク―」『ラテンアメリカレポート』32(1), 68-80 頁。

―― 2018「マヤとサポテコのロサンゼルス―カリフォルニアに住むメキシコ先住民の世界―」『ワセダアジアレビュー』no.20, 40-47 頁。

―― 2019a「地方から見た 2018 年メキシコ大統領選挙―ユカタン州における選挙のようす―」『ワセダアジアレビュー』no.21, 64-70 頁。

―― 2019b「メキシコ・ユカタン州からアメリカ合衆国カリフォルニア州への移民―マヤの人々による「移民の市民社会」構築の試み―」『社会科学』49(1) 29-46 頁。

―― 2019c「移民キャラバン―その背景と参加する人々の論理―」2019 年度日本政治学会総会・研究大会（於成蹊大学）報告論文（公募企画「米墨関係の新展開：移民キャラバンの出現と対応」司会：吉野孝, 報告：山崎眞次, 前嶋和弘, 渡辺暁, 討論：高橋百合子, 田中高）。

―― 2020「移民キャラバン―その背景と参加する人々の論理―」『ワセダアジアレビュー』no.22, 57-65 頁。

―― 2021「メキシコ・ユカタン州ペト市からカリフォルニアへの移民―ジェネシスからブームへ（1980-2008）―」『ワセダアジアレビュー』no.23, 36-42 頁。

——— 2022「中米移民キャラバンをめぐる国際政治—キャラバンの政治的意味とメキシコ政府の対応—」『ポリフォニア』（東京工業大学外国語セクション言語文化論集）14，21-56頁。

UNICEF 2021「北米目指す移民—危険なダリエン地峡越える子どもが急増，9カ月で19,000人，過去5年の3倍に—」10月11日（https://www.unicef.or.jp/news/2021/0198.html）。

第7章 米国における移民とは何か：
ヒスパニック移民への対応を中心に

前嶋　和弘

1．はじめに

　本章では，米国における移民問題と移民政策の現状を，とくにヒスパ
ニック系移民に対する対応に重点を置いて分析する。そもそも移民に
とって「米国」とは何かという移民の概念について論じた後，の都合で
不法入国，不法滞在した層に対する救済であるであるDACAをめぐる
賛否の議論，「米墨国境の壁」建設，移民キャラバンと難民規制，「市民
権」を問う調査と非合法移民排除の動きなどについてふれる。

　とくに，トランプ前政権からバイデン政権に代わることによって，移
民政策のベクトルが大きく変化したことを検証する。DACAを巡っては
トランプ前政権が17年に廃止を打ち出したが，連邦最高裁は昨年6月
に廃止決定を認めない判断を示したものの，合憲性はまだ司法で係争中
であり，トランプ政権の「遺産」と考えられる司法の超保守化が判決に
与える影響についても論じる。最後に米国にとって「移民」とは何なの
か，再度検証してみたい。

2．「移民」の概念

（1）米国における「移民」とは

　移民が作った国である米国の場合，「移民」の概念がそもそも他国と
大きく異なる。

　船でたどり着いた後，病気などの検査を経て入国できたら「アメリカ人」となるという時代が長年続いていた。3,000キロメートルを超える陸続きのメキシコとの国境の場合，川や砂漠地帯も多く，さらに自由に出入国が可能だった。そもそも非合法移民（不法移民）という概念も，移民法が整備されていく19世紀末まで存在しないようなものであった

　そもそもかつては米国とメキシコ国境には，国境線そのものがないに等しかった。エルパソはその名の通り，米国とメキシコとの「通り道（the pass）」である。歴史的にヒスパニック系を受け入れる姿勢も強い地域で，近年はメキシコ側のシウダーファレスからエルパソに朝向かい，夜帰っていくような「日帰り通勤」も認められている場所である。米墨国境の街では米国に朝働きに歩いて入国し，夜に帰るようなところもある。メキシコ側から見れば，「東京と大阪間の出稼ぎ」のような感覚と言っても決して言い過ぎではないだろう。そもそも移民たちにとって，アメリカとは新しい機会を与えてくれる場所である。「国」というよりも，自分の夢や希望を具現化する新天地である（ネイティブ・アメリカンの土地を侵略してきた歴史についてはここではふれず，別の機会に論じたい）。

　メキシコは米国に隣接するという地理的条件もあり，米国にとっては貴重な労働力の供給源であった。とくに，第二次世界大戦中から1960年代半ばかけて，「ブラセロ計画」という短期労働受け入れの政策があった。しかし，計画終了後も非合法移民として米国国内に住むケースも頻発し，厳格な規制も導入されることになる。

　一方で，その後，メキシコからの合法移民も一気に増えていく。というのも1965年移民法で年間総枠を国ではなく，世界の地域別に制限した上で，米国市民の親族の優先的受入れや米国社会が必要としている職業に従事し得る移民の優先的受入れなどを規定したためである。

　この法改正以降，米国側も積極的に多様な人々を合法的に世界から受

け入れるようになった。その結果, メキシコ系を含むヒスパニック系 (ラ
テン系) の人口が急増する。

　多様性が米国の力の根源であるという見方も一般的だ。永住権を持つ
合法移民の数は 1965 年の約 30 万人から, 様々な制度改正で増減はあっ
たものの基本的には右肩上がりで増え, 近年は年間 100 万人を超えてい
ることがほとんどとなっている[1]。

　とくにヒスパニック系の人口は急増している (**図 7-1**)。統計調査局の
推計では 2020 年の段階で, 米国国内のヒスパニック系の人口は約 6,208
万人に達している[2]。1965 年移民法改正直後の 1970 年の人口は, ピュー・
リサーチセンターの推計では 960 万人だった[3]ことを考えると, ここ 50
年弱で人口は 6 倍を優に超えていることになる。

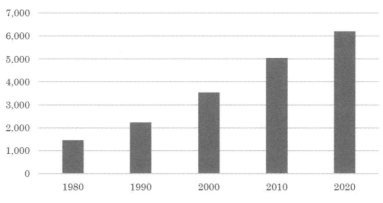

図 7-1　ヒスパニック系の人口 (単位：万人)

国勢調査局調べ

（2）数多い非合法移民の数

　合法移民が増えるのに対し, 非合法移民も増える (**図 7-2**)。ピュー・
リサーチセンターの 2017 年当時の推計では, 非合法移民は全米で約 1,160
万人ともいわれている[4](リーマンショック前の 2007 年が不法移民の数は 1,200

万人程度とピークだったが, ここ数年, 微減ではある。たとえば 2014 年現在,
米国にいる不法移民の数は 1,100 万人程度と推計されていた)。

　総人口を 3 億 2,000 万人とすると人口の 3.3％が非合法移民となる。非
合法移民の 5 割以上を占めるメキシコに隣接するカリフォルニア州（約
5.6％）やテキサス州（約 5.7％）のように, 6 つほどの州に集中している[5]。
不法移民は米国経済の急伸に伴い, 低賃金労働者として経済を支えてき
た。労働人口に限れば, カリフォルニア州の労働人口の 9％, ネバダ州
は 10.4％, テキサス州 8.5％と特定の州の場合には産業構造上, 不法移
民なしで動けないような状況になっている[6]。

　非合法移民で多くを占めるのが, ヒスパニック系である。同センター
の推計によれば, メキシコからの非合法移民は 2007 年の 690 万人をピー
クにここ数年減少傾向にある。トランプ政権が発足した 2017 年には 490
万人と推計されている[7]。

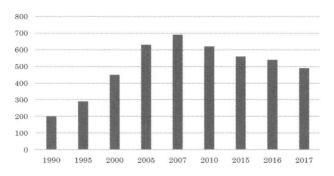

図 7-2　メキシコからの非合法移民 (単位：万人)

　非合法移民の場合, 家族単位で長期間米国にいるケースが少なくない。
出生地主義であるため, 一家の中, 親が非合法移民だが, 子供が生まれ
ればその子供は米国籍となる。それもあって法的にも人道的にも一家を
切り離すのは困難である。

　また，数が多い分，非合法移民といっても実際の生活をする上でかなりの権利を認めざるをえない州も少なくない。公立学校に通うことが認められているほか，自動車免許も取得することができる州は 2019 年 6 月にオレゴン州が加わったことで，現在 14 州ある[8]。カリフォルニア州では公的医療保険の助成の対象となることも 2017 年 7 月に決まった[9]。

　日本から見れば，まずは非合法移民の摘発を急ぐべきであると考えるかもしれない。「米国―メキシコ間に壁を作り上げる」というトランプ大統領の公約には賛同する動きもあるだろう。しかし，米墨間の 3,000 キロメートルというのは日本でいえば北海道から沖縄の距離であり，いかにこの壁建設が予算的にも難しいかが直感的に分かる。私有地を国が買収する分も加えると，壁建設の費用は天文学的な数字となってしまう。メキシコからの非合法移民問題が目立ってきた 1980 年代に米国国内でも対策のための「1986 年移民改革統制法（通称「シンプソン・マゾーリ法」(Immigration Reform and Control Act of 1986[P.L 99-603], Simpson–Mazzoli Act）が成立したが，40 年近くたってもなかなか進まない不作為の状況である。

　さらに，人権的な配慮から全米各地の群や市の自治体約 200 は「聖域都市（サンクチュアリ・シティ）」として，若者に限らず，不法移民そのもの摘発を行わない寛容政策を取り続けてきた（カリフォルニア州は「聖域州」となることを昨年宣言している）。不法移民の強制送還は連邦政府の役割だが，連邦政府機関の取締りに「聖域都市」では地元警察は協力しないことを宣言してきた。

3．トランプ政権の対中南米移民政策

　この四半世紀もの間，対策を先送りしてきた議会の責任は大きいが，その背景に様々な意見の対立が顕在化してきた。不法移民そのものは増えても，上述の「1986 年移民改革統制法」の不作為に代表されるように，

膨大な国境警備の予算は常に十分でなかったことも事実である。

　それもあってメキシコからの移民（合法，非合法のいずれも）に対するアンビバレントな態度は，現在までずっと続いている。とくに，景気後退の局面に批判的な世論が高まる。グローバル化やIT化による雇用の流出の理由が別にあっても「メキシコからの不法移民が悪い」という議論が生まれてしまう。

　その声を政策に落とし込んだのが，トランプ政権である。「米墨国境の壁」建設や，メキシコを経由したホンジュラスなどからの「移民キャラバン」に対する規制，各種移民（難民申請を含む）制限，非合法移民摘発などが移民に否定的な世論を同政権は政策にしていった。さらに，見送られたが国勢調査での市民権確認まで進めていた。親の都合で不法入国，不法滞在した層に対する救済であるDACAを，トランプ大統領は大統領令で覆し，係争が続いている。こうした政策に対しては，非合法移民に対する摘発を行わない「聖域州・都市」などから強い反発もある。

（1）DACA の撤廃

　トランプ大統領が2017年9月に決めた，不法入国した若者の救済制度DACAの撤廃について，まず考えてみたい。DACAとは「幼児不法入国者送還猶予措置（Deferred Action for Childhood Arrivals）」の略であり，不法移民（非合法移民）のうち，いくつかの条件に当てはまる若者に限っては在留を認めるという制度である。オバマ政権が2012年6月に大統領令で決めた[10]。

　この制度で救済されるのは，具体的には，1)16歳までに入国，2)2012年6月現在30歳未満，3)5年以上米国に居住，4) 米国の高校を卒業するか米軍や沿岸警備隊の勤務経験がある人，という条件を満たす場合である。その場合，2年間（更新可）に限り，国外退去処分の対象から外し，米国内での就労も可能にする。ただし，市民権が与えられるわけではな

い。不法入国したのは，自分の意志でなく，親の都合である。しかも，入国後，罪を犯すこともなく，善良に過ごしてきた若者には罪がない。そのため，何らかの救済の対象にしないといけないという考えに基づいたのがこの制度だ。この制度でヒスパニック系を中心とした約 80 万人の若者が恩恵を受け，強制退去の恐怖から免れてきた。

　このオバマ前大統領の大統領令をトランプ大統領が大統領令で 2017 年 9 月に撤回した。対象者には 2018 年 3 月 5 日まで，約 6 か月の猶予期間が与えられたが，その後には個々の申請者の有効期限が切れると同時に，法的には不法滞在者となっていく。

　議会が DACA 対象者の処遇に関する新法を制定すればそちらが優先されたはずだが，新法を制定できなかった。救済は長年議論されてきた人道的な問題ではあるが，DACA に対する国内世論はこれまで大きく割れてきたことを反映している。

　このトランプ政権による DACA 撤回の発表を受け，すぐにニューヨークやバージニアなど 15 州とワシントン DC が，DACA 撤回の無効を求めて連邦裁判所に提訴した（Harrington 2018）。また，多くの移民を抱える，シリコンバレーのテクノロジー企業を中心に反対の声が高まっており，DACA 撤回反対に対する抗議集会も続いている。オバマ前大統領も声高に批判した[11]。全米の大学も対象となる学生の保護を強く打ち出した（Harrington 2018）。半年間の猶予期間を経て 2018 年 3 月に打ち切られることになったが反対意見が相次いだため，2018 年 1 月には若年移民を保護する新たな法案について，移民の制限やメキシコとの国境に壁を建設することを盛り込むならば支持すると表明したが，その後は民主党側の壁建設の反対の声の中，進まず，バイデン政権で壁建設は大統領令で覆された。

　大統領令はあくまで「小手先」の行政命令に過ぎない。人の移動とい

う国の根幹にも関連する移民政策は基本的には議会が法律としてルール作りをしなければならない。議会が動かず，オバマ前大統領の苦肉の大統領令として生まれたのが DACA であり，オバマ氏も 2012 年当時「あくまでもこれは暫定的な措置」と何度も強調していた。多くの共和党議員の資金的な後ろ盾となっているコーク兄弟も対象の若者たちの救済を強く呼びかけてきたが，議会での立法は進まなかった[12]。トランプ大統領の DACA 撤廃で，大統領が変われば変更できる大統領令の限界を改めて明らかにした。

　オバマ政権が DACA を導入した際も，対象となる不法入国した若者の救済制度が「不法移民に対する恩赦（アムネスティ）」につながるとして，保守派議員，とくに非合法の移民が急増している南部の国境沿いの諸州選出議員は強く反対してきた。不法移民が急増する各州では「移民は同化できない」とする住民からの拒否感もあった。逆に，不法移民は低賃金労働者として必要だったため，農業やサービス業などの一部の産業界からは規制に反対する声も強かった。また，「聖域都市」に限らず，不法入国した若者についても，高校までの公教育は無償で提供されてきた。

　DACA はあくまでもオバマ前大統領の暫定的な行政判断だった。そもそも議会にはこれに相当する法案（通称「ドリーム法」）が 2001 年（第 107 議会）から議会で論じられており，様々な修正を加えて何度も提出されてきた。しかし，上述の意見の対立でこれまで成立に至っていない。ドリーム法とは Development, Relief and Education for Alien Minors（DREAM）の頭文字から名づけられており，市民権授与を含む非合法移民の若者を救済する移民制度改革と大学教育促進を目指すものであった。国外退去処分の対象から外し，米国内での就労も可能にするだけでなく，州立大学の州内出身者授業割引制度の適用や大学奨学金の受給条件の緩和も法

案の争点だった[13]。

　ドリーム法の対象者を「ドリーマー」と呼んでおり，不法移民の若者救済そのものが社会運動化していった。運動では，若者たちが自ら不法移民であることを告白しながら，不法移民だが米国社会を大きく発展させてきたことをPRする「カミングアウト集会」はDACAが始まる直前の数年間はピークに達した。フィリピンからの不法移民でありながら，ワシントンポストの記者としてピューリッツァー賞も受賞した，アントニオ・バルガス氏らが告白運動の中心となり活動してきた（Vargas 2011）。国レベルの「ドリーム法」はなかなか成立しないものの，州レベルでは，カリフォルニア州のように，不法移民に対して，大学教育の際の州内出身者割引適用，各種民間奨学金申請を認めるようなケースも出てきた。

　最高裁判所は2020年6月15日にDACAの廃止決定を認めないとする判断を示した。この判決は賛成5，反対4であり，キャスティングボートを握ったのが，ロバーツ長官でリベラル派4人に加わった。多数派判決についての意見として，ロバーツ長官は「DACA撤廃は恣意的かつ気まぐれなもの（arbitrary and capricious）であり，一貫性に欠ける」と説明している[14]。

　トランプ大統領はこの判決に対して「目に余る判断。政治色が濃い」「誇り高い共和党員や保守派を前にショットガンで銃撃を浴びせるような行為だ」「最高裁は私を好きではないのだろうか。そう思わないか」などとツイートしている（前嶋2020）。

　しかし，後述するように，DACAそのものが合憲かどうかについては裁定しなかったことは，バイデン政権がDACAに基づく様々な政策を展開することに対して大きな足かせになっている。

（2）「米墨国境の壁」の建設，移民キャラバン対策と難民政策

　「米墨国境の壁」の建設はトランプ政権の移民政策の象徴と言えるも

のである。2019年初めには「非常事態」をちらつかせ，この予算をめ
ぐって政府閉鎖問題も起こるなど，派手な争点となった。政府閉鎖の責
任を民主党よりはトランプ氏に求める世論がだんだん大きくなりつつあ
る中，風向きをみてトランプ氏が譲り，閉鎖は終わった[15]。その後，壁
建設はほとんど進まなかった。それもあって，在日米軍を含む軍事予算
の一部を充てる動きも2019年9月上旬に発表された[16]。

　壁建設は2019年初めの段階では，民主・共和両党の「壁の定義」の
すり合わせの問題であると考えられていた。86年移民法以降の抜け道
ばかりの国境警備対策とは一線を画す警備は，費用対効果を考えると，
壁だけでなく，膨大な距離をどう監視できるか。ドローンも使った総力
戦になるというのが現実的な見方であった。

　ただ，象徴である分，民主党側も動きにくい。「自分たちは正しい」
という両党ともに支持固めの大きな機会でもあり，誤解を恐れずにいえ
ば，妥協をしないのも一種のメディアイベント（一方で世界の市場に影響
するという問題も大きいが）となっているために，なかなか政権と議会内
民主党との議論が進まなかった。

　もう1つ，トランプ政権の非合法移民政策の中で注目されたものに「移
民キャラバン」対応がある。2018年夏ごろから，ホンジュラスなどの
中米諸国から米国境をめざして北上する人々が数千人規模のキャラバン
を組んでメキシコを地続きに経由し，米国境に迫っていった。その大半
をなす人とは貧困や暴力から逃れてきたため，米国で難民として保護さ
れることを願っていた[17]。

　その一部が米国国境に到着したと報じられたころ，2018年11月9日，
トランプ政権は「キャラバン」について，メキシコと接する米南部の国
境から検問所を通らず不法に国境を越えた移民は難民資格を申請できな
いという新ルールをまとめた大統領令に署名した[18]。非合法の入国者で

あっても難民申請はでき，認められるかどうかは別として申請中は保護
の対象になるというのがこれまでの法的な解釈であったため，そもそも
法的には微妙であり，係争となっていた。

　最高裁判所は 2019 年 9 月 11 日，中米からの移民がメキシコ国境で難
民申請するのを制限する新規則をトランプ政権が施行することについ
て，合憲性を問う訴訟の判決が出るまで有効とする判断を示した。当面
は政権の判断が支持されることになり，移民問題を重要なテーマの 1 つ
としているトランプ大統領にとって大きな勝利となっている[19]。

　さらに 2020 年 3 月に新型コロナウイルス対応を名目にして，特定の
国から入国した際に公衆衛生法の 42 項（タイトル 42）を適用し，該当者
を最終通過国に追放することも決めており，波紋を呼んだ。

（3）「市民権」を問う調査

　非合法移民対策の一環とみられるトランプ政権の動きの中に，2020
年の国勢調査に「市民権」を問う調査を導入しようとしたことも含まれ
る。10 年に 1 度に全米規模で一斉に行われている国勢調査は日本と同
じように全数調査だが，データをできるだけ正確にさせるため，「市民
権の有無」は 1950 年以来，外されている（日本の国勢調査では国籍を尋ね
る項目がある）。

　現実問題として，非合法移民の人たちの数を正確に割り出さないと，
道路整備やゴミ処理などの市民サービス全体の低下につながる。ここま
での話は州や市などのことだが，連邦政府についても，下院議員選挙区
割りや各種予算の割り振りは非合法移民の数も踏まえている。大統領選
挙人は下院議員選挙区の数に連動するため，大統領選挙の戦術にもかか
わる。

　ただ，もし，国勢調査で，市民権の有無を問えば非合法移民が調査を
避けるのは目に見えている。「非合法と答えれば捕まるのではないか」

という恐怖があるためだ。トランプ政権は「人種的少数者の投票権を守るため」と説明していたが,「根拠が不明」と最高裁はストップをかけ[20],下級審に差し戻した。2020年4月の調査実施に間に合わせるために,2020年国勢調査での市民権質問を加えることは不可能になった。国勢調査局自身も,市民権質問が追加されることで,約650万人が回答を拒否すると試算している[21]。

　トランプ大統領は全く納得する様子はなかった。トランプ大統領は同年7月11日,ホワイトハウスで会見し,国勢調査で市民権を尋ねる質問を加えることを断念するとしたが,その代わりに社会保障局や国土安全保障省などの連邦政府の関係機関に市民権に関する記録の提出を求める大統領令を出すと宣言した。次の手段として独自に関連省庁に調査を命じたものの,それでも上述の国勢調査と同じ理由で非合法移民は拒否をする状況は変わらない。データそのものが不正確となる。

　国勢調査は435人の下院の議員数の調整に利用される。誤解を恐れずに言えば,トランプ氏にとってはむしろ「正確でない方が戦略的に良い」と思っている節があるのかもしれない。非合法移民の場合,職がある都市部やその周辺に集中しているほか,カリフォルニア州などそもそも非合法移民に住みやすい政治的にはリベラルな場所に多い。トランプ氏にとってはいずれも民主党の支持基盤であるため,自分の支持者は少ない。移民が多い地域では人口が実際より少なく数えられた場合,人口比率が年々減っている白人を主な支持層とする共和党にとっては追い風となる。

　移民の状況で国勢調査は過去にも大きく変化してきた。それまでは「白人」とされてきたヒスパニック系に対して,独自に項目を立てて聞くようになったのは1980年調査からである。さらに,多様性を重視する動きに対して,2000年以降,複数の人種エスニシティ(たとえば「黒人」

であり「ヒスパニック」であり，「アジア系」）などの回答が認められている。さらには，同年調査から項目にない自由記述も認めている。

　それだけ移民というのが米国の根源になっている。トランプ氏の動きに対する各種反発は，移民が米国を変えてきた歴史そのものにメスを入れようとする反発に他ならない。

（4）移民関連のその他の政策

　非合法移民ではなく，合法的な移民そのものの制限に向けた動きもトランプ政権では進んだ。トランプ政権発足後，これまでも技能を持つ人への労働ビザ（H1b）の手続きを遅らせるなど，グリーンカード（永住権）の申請前となる各種条件を見直してきた（前嶋 2018b）。さらに，低所得者向け医療保険やフードスタンプなどを制限し，合法的な移民申請希望を減らす制度改革もある[22]。

　また，人種マイノリティという社会的不利な状況に置かれている人々に対し，大学入学や就職などの際などに差別を是正しようとするアファーマティブ・アクション（積極的差別是正措置）の改革もある。アファーマティブ・アクションはほとんどの州で，多文化主義を定着させるための制度として，今日まで広く利用されてきた。しかし，白人からの「逆差別」という批判も長年続いており，さらにはアジア系からも同様の「逆差別」という観点からの訴訟が相次いでいる。米国の公民権運動の成果であり，多文化主義の象徴ともいえるアファーマティブ・アクションが大きな曲がり角にたつことになった（前嶋 2018a）。

4．バイデン政権での変化

　トランプ前政権からバイデン政権に代わることによって，移民政策のベクトルが大きく変化した。その変化とは一言で言えば，かつての米国

がそうであったように，移民受け入れに寛大になったという回帰である。その一方で，非合法移民そのものが急増していることもあって対応は難しい。移民問題はハリス副大統領が担当することになったが，なかなか他国との交渉は進んでいない。また，DACA を非合法と判断した連邦地裁の判決のように，トランプ政権の「遺産」と考えられる司法の超保守化が移民政策に与える影響も重大である。

（1）移民政策のベクトル

バイデン政権の移民政策のベクトルは，トランプ政権の 4 年間の移民政策を大きく覆すものである。ブリンケン国務長官は 2021 年 3 月 3 日に行われた「国家安全保障戦略」の策定に向けた外交上の 8 つの優先事項として，「国際協調によるパンデミックへの対応」「中産階級を成長させ，雇用の創出をする貿易」「民主主義の刷新」に続く，4 番目の方針として「人道的で効果的な移民制度の構築」を打ち出している（そのほかの方針は「同盟国との関係の復活」「気候変動対策」「技術競争での優位性」「中国への対抗」である）。

中南米諸国にとってはトランプ前政権時代の「国を閉ざす」象徴だった米墨国境の壁について，バイデン政権発足とともに建設を取りやめた。さらに，前政権が設定した 9 月末までの 2021 会計年度に受け入れる難民の上限 1 万 5,000 人を 6 万 2,500 人まで引き上げ，2021 年 10 月に始まった次年度には，上限数をさらに 2 倍の 12 万 5,000 人に拡大する方針を明らかにしている。「開かれた米国」の復活ともいえる。

この中には「移民」「気候変動」などやはりリベラル層を強く意識したものであった。バイデン政権の外交のスローガンである「中間層のための外交」の中核の 1 つに移民政策の立て直しがある。移民・難民対応では中南米諸国との協力は不可欠であり，米国による国際社会の秩序維持を進める動きの復活をバイデン政権は強く打ち出している。

外交交渉そのものに重きを置くというスタイルもかつての米国外交に戻りつつある。中南米諸国からの移民の対応についても，外交交渉を柱としているのがポイントであり，米国の伝統的な移民政策への回帰がバイデン政権になって一気に進んでいる。

バイデン政権が移民受け入れに寛大になっていこともあってか，非合法移民そのものが急増している。たとえば，米国境警備当局によると，2020 年 10 月からの 1 年間にメキシコから不法越境し，国境付近で拘束された人数は約 173 万人にのぼっている。この数字は前年度の 3.8 倍となっており，伸びは過去最多となった[23]。バイデン政権は移民に寛容な姿勢をとったものの，今度は非合法移民の対応に頭を悩まされることになった。

上述の「タイトル 42」について，バイデン政権は 2022 年 5 月 23 日にコロナ対応での適用を終えることを決めたが，共和党だけでなく，民主党の一部からの反発も大きく，2022 年 7 月の段階では法的な争いとなっている。

（2）なかなか進まない中南米からの非合法移民の移民対応

非合法移民に対する対応はトランプ政権だけでなく，バイデン政権にとっても大きな課題となっている。政権内で移民関連外交の担当となったハリス副大統領に対する風当たりは強い。

本章を書いている 2022 年 7 月末の段階では，中南米からの移民対応はそもそもの複雑であるため，具体的な成果につながっていないのが現状である。もっとはっきり指摘すれば，ハリスの移民対応についてかなりの批判が高まっている。

ハリス副大統領に対する批判のきっかけは，中南米からの移民対応を進めるために，副大統領として最初の外遊として選んだ 2021 年 6 月上旬のグアテマラ，メキシコ訪問だった。初日の 7 日はグアテマラのジャ

マテイ大統領と会談し，米国の南部国境に中米から押し寄せる移民の根本的な原因である治安や貧困について，経済支援や犯罪組織への対処に米国が協力することで意見が一致したところまでは良かった。

しかし直後の記者会見で「（メキシコ国境には）来ないでください。来ないでください。米国は法律を施行し，私たちの国境を守る」とシンプルに訴えた。

この言葉に対して，「不法に入ってくる移民には徹底的に強く出なければならない。弱腰だ」といった共和党からの批判はいつものことだが，身内の民主党からもおそらくハリスの予想以上に強い批判が続いた。

その代表的なものが，若いが既に左派の顔となっているオカシオ・コルテス下院議員のものだ。オカシオコルテス議員は「がっかりした。米国の国境で亡命を求めることは，100％合法的だ。米国は何十年もラテンアメリカ諸国の政治に介入し，不安定化させてきた。誰かの家に放火するのを（米国が）助けてきたのに，その家から逃げ出した人を責めることはできない」と辛辣なツイートをした[24]。

オカシオ・コルテス議員に同調する意見は左派を中心に広がっていった。政権の中でハリスに与えられている担当政策の一つが移民問題だが，この一言で，「移民に冷たい」というイメージが広がってしまった。

このイメージが広がる中，翌8日，ホンジュラスでコロナウイルスのワクチン提供などを決めた直後のNBCとの単独インタビューでは，「移民問題の最前線である米墨国境を訪れたかどうか」という質問に対して，「いつかは」と答えた後，"私たち"は国境にこれから訪れます。"私たち"は国境を訪れたこともある」と主語をあいまいにして，返答をはぐらかした。これに対して「"あなた"は，国境を訪れたことはないでしょう」とNBC記者に訂正を求められたのだが，ハリスは何と「私は欧州にも行っていない」と頓珍漢な返答をした。おそらく「米墨国境が重要

なので，欧州にもまだ，行っていない」と答えたかったのかもしれない
が，墓穴を掘ってしまった。

「外交音痴だ」といった批判が相次ぐ中，急遽日程を調整して 6 月 25
日には実際にテキサス州エルパソを訪れ，米墨国境を視察することにな
る。

　非合法移民問題は政策的に厄介だ。オカシオコルテス議員のように，
民主党左派は「移民が起こる現状に対応し，米国はむしろ積極的に受け
入れていくべき」という立場である。その一方で共和党側は近年，トラ
ンプ政権が行ったような徹底した移民排除を支持する。視察をするだけ
でも党派的な反応を生んでしまうため，ハリスは慎重に対応していたが，
その慎重さがあだになってしまった。

　中米からの移民問題は，難しく時間がかかるものばかりだ。上述した
ように，移民問題は党派対立が顕著である。共和党が優勢な南部や中西
部諸州はここ 10 年程，非合法移民に対する反発が直ぐに政治問題化し，
力づくともいえる排斥の動きがある。これに対し，民主党側はこれを阻
止しようとしているが，主戦場は連邦議会であり，州議会や州知事の動
きは牽制しにくい。そして，ハリス副大統領が動ける範囲はせいぜいバ
イデン政権と民主党議会の調整役くらいしかなく，対応できる範囲は狭
いのが現状である。

　ロサンゼルスタイムズのまとめによると 2022 年 6 月 28 日現在，ハリ
ス副大統領の支持率は 41%，不支持率は 52% となっている[25]。この数
字は，同時期の 4 代前の副大統領（ペンス，バイデン，チェイニー，ゴア）
よりも低い。

　ハリスにとって，不運といえるのが，ペンスを含む 4 人の「先輩」た
ちがいずれも個性的で，国民が副大統領を見る時のハードルが上がって
いることだ。ゴア副大統領以降の時代は，24 時間ニュースチャンネル

の普及やインターネットの爆発的普及が重なっている。各政権が衆人監視の状態に置かれる中，今では副大統領の存在が薄ければ，すぐに叩かれるようになる。ハリスの場合の非合法移民政策のゴタゴタについて女性蔑視的な書き込みが一気に増えてとくに，ハリスの場合にはソーシャルメディアの普及と政治的分極化で上述の非合法移民政策のゴタゴタについて移民排斥を望む保守派が一気に息を吹き返している。

　移民問題というハリス副大統領に与えられた複雑な政策的役割がうまくいくかどうかに注目が集まっている。

（3）司法の超保守化が与える影響

　バイデン政権でDACAに基づく様々なドリーマー救済策を行っていくことを明言しているものの，2020年の最高裁判決では上述のように，DACAそのものが合憲かどうかについては裁定しなかったため，今後の司法の裁定に注目が集まっている。

　バイデン政権発足後既にDACAの合憲性をめぐる訴訟が起こされている。その1つが，テキサス州が主導し，南部アラバマ，ルイジアナなど8州が参加した訴訟である。こちらについては，テキサス州の連邦地裁は2021年7月16日，DACAを違法だとする判決を下した。違憲とする理由は，本来議会にある議会立法権限について，行政府が法制度の枠外で決めてしまっているという連邦政手続き法に違反しているという判断であった。すでに適用されている人には影響はないが，新たな申請は認めないとしている。

　トランプ前大統領は保守系法曹団体「フェデラリスト・ソサエテイ」との連携を密とし，最高裁だけでなく，ヒューストンの連邦地裁を含む，地裁，高裁の判事の任命も極めて迅速に対応し，保守の判事の任命を進めた。それが今回の地裁の裁定に大きな影響を及ぼしているとみられる。

　バイデンの選挙公約の1つが，ドリーマーの市民権取得に向けた支援

措置であり，2022年7月現在，議会で審議しているインフラ投資法案に措置を盛り込んでいる。それもあって，今回の地裁判断がバイデン政権の移民政策に影響を与えている。

　バイデン大統領は2021年7月17日，地裁の判断は「非常に不本意」だと述べ，DACA保護に向けて司法省が控訴すると表明した。それを受け2021年秋からの最高裁の新会期で審理された。トランプ政権では3人の保守判事を任命し，「保守6，リベラル3」という過去70年はなかった「超保守」の判事構成となっている。「保守」だったスカリアの後任のゴーサッチはまだしも「中道」だったケネディの後任のカバノー，「リベラル」だったギンズバーグの後任のバレットの2人の判事任命については，最高裁のバランスを一気に変えており，既に選挙関連の訴訟などで少し前ならありえなかったような保守寄りの判決が下されている（前嶋2021）。結局，最高裁は2022年6月30日，難民認定申請中の不法越境者をメキシコに移送して待機させるこの制度の廃止を認める判断を下し，バイデン政権の主張を指示した。だた前述の「タイトル42」の廃止が争われているため判決の影響は大きくはないとみられている（Liptak et.al.2022）。

5．米国にとって「移民」とは何なのか：
　欠かせない労働力と「雇用流出」をめぐる誤解

　最後に米国にとって「移民」とは何なのか，再度検証してみたい。なぜ，そもそも非合法移民が減らないのか。それは流入したい側だけでなく，非合法移民を雇用する力学があるためである。今も非合法移民は農業やサービス業などの多くの産業の中核にいる。何よりも長年の経済成長を非合法移民の安い労働力が支えてきた側面もある。移民に寛大な米国は移民がいないと社会が動かないような構造になっている。

　民主党支持者だけでなく，共和党支持者の中でも「安い労働力」として企業経営者は比較的非合法移民に寛容であるといわれている。

　ただ，過去の歴史では「非合法移民に職をとられた」という声が景気後退局面で大きくなる。問題なのは，よく指摘されているように中低所得層の所得の伸び悩みだ。雇用は国内の非合法移民というよりも，むしろグローバル化の中で中国などにもっていかれたのが現状だろう。支持者は自分の雇用を奪ったのが非合法移民ではなくても共感できる政策ではある。それがトランプ支持の1つの層である「怒れる白人たち」に共有されている。

　もちろん，移民という「よくわからないもの」に対する恐怖感もある。確かに非合法移民の中に，ギャングなども入り込んでいる可能性は否定できない。ただ，それはほんの一部であり，大多数は国外追放を避けるため静かにしていたのが本音である。ギャングの場合，通常の犯罪摘発で対応できる部分である。

　上述したように米国の場合，「移民」の概念が他国と大きく異なり，そもそもの国境の境界線が緩いほか，家族単位での長期不当滞在も多い。また，何よりも長年の経済成長を非合法移民の労働力が支えてきた側面もある。今も非合法移民は農業やサービス業などの多くの産業の中核にいる。

　「米国人になる」という「夢」の中には，「今よりも豊かになれる」という部分と，「何かあったら世界でもっとも豊かな国が助けてくれる」という部分もある。米国経済は基本的には拡大基調であるため，労働者不足から非合法移民を含む移民を不可欠とする経済となっている。一方で，非合法移民に対する世論は地域差が大きく，移民を受け入れざるをえない公共サービスの負担が直撃する南部諸州の反対は常に起こっており，移民排斥的な議論を熱烈に歓迎する層も常にいる。

ただ，ヒスパニック系だけでなく，黒人，アジア系を含めたマイノリティの影響力は今後さらに強まり，米国の社会・政治構造をも変化させる。それもあって共和党にとっても新しい支持層の獲得につながるため，南部諸州の反対はあっても，ヒスパニック系を受け入れていく動きも常にある。ただ，非合法移民に対する対応はトランプ政権だけでなく，バイデン政権にとっても大きな課題である。南部諸州の世論を説得するために，米墨国境の壁は予算的に難しいとしても，何らかの国境警備の強化案なども同時に進めていくのかと想像される。

注

1　https://www.migrationpolicy.org/programs/data-hub/charts/Annual-Number-of-US-Legal-Permanent-Residents

2　https://www.census.gov/programs-surveys/popest.html

3　https://www. pewresearch.org/fact-tank/2019/07/08/u-s-hispanic-population-reached-new-high-in-2018-but-growth-has-slowed/

4　https://www.pewresearch.org/fact-tank/2019/06/28/what-we-know-about-illegal-immigration-from-mexico/

5　https://www.pewhispanic.org/interactives/u-s-unauthorized-immigrants-by-state/

6　https://www.pewhispanic.org/interactives/u-s-unauthorized-immigrants-by-state/

7　https://www.pewresearch.org/fact-tank/2019/06/28/what-we-know-about-illegal-immigration-from-mexico/

8　https://www.kgw.com/article/news/politics/licenses-for-undocumented-immigrants-passes-oregon-senate-heads-to-governors-desk/283-e1de4b96-0ee5-45d9-9a06-51fb1ab3b318

9　https://www.npr.org/2019/07/10/740147546/california-first-state-to-offer-health-benefits-to-adult-undocumented-immigrants

10　https://www.uscis.gov/archive/consideration-deferred-action-childhood-arrivals-daca

11　https://www.uscis.gov/archive/ consideration-deferred-action-childhood-arrivals-daca

12　https://www.businessinsider.com/koch-network-ramping-up-push-for-congress-to-fix-daca-2018-4

13　https://www.americanimmigrationcouncil.org/research/dream-act-daca-and-other-policies-designed-protect-dreamers

14　https://www.npr.org/2020/06/18/829858289/supreme-court-upholds-daca-in-blow-to-trump-administration

15　https://www.politico.com/latest-news-updates/government-shutdown-2019

16　https://edition.cnn.com/2019/09/03/politics/esper-military-construction-funds-border-wall/index.html

178

17 https://www.bbc.com/ news/ world-latin-america-45951782

18 https://www.independent.co.uk/news/world/americas/us-politics/donald-trump-asylum-migrant-caravan-immigration-federal-court-aclu-a8628031.html

19 https://www.bbc.com/news/world-us-canada-49669811

20 https://www.nbcnews.com/politics/ supreme-court/supreme-court-tosses-citizenship-question-2020-census-forms-victory-democratic-n1014651

21 https://www.nbcnews.com/news/latino/blocked-census-citizenship-question-still-being-asked-n1031691

22 https://www.theguardian.com/us-news/2019/aug/12/trump-green-cards-public-assistance-medicaid-food-stamps

23 https://www.npr.org/2021/10/23/1048522086/border-patrol-apprehensions-hit-a-record-high-but-thats-only-part-of-the- story

24 https://twitter. com/AOC/status/1402041820096389124

25 https://www.latimes.com/projects/kamala-harris-approval-rating-polls-vs-biden-other-vps/

引用参考文献

Harrington, Ben 2018 "DACA Rescission: Legal Issues and Litigation Status," Congressional Research Service.

Liptak,Adam, Miraim Jordan, and Eileen Sullivan 2022 "Supreme Court Sides With Biden's Efforts to End 'Remain in Mexico' Program" New York Times, June 30, 2022.

Vargas, Jose Antonio 2011 "My Life as an Undocumented Immigrant," The New York Times, June 22.

前嶋和弘 2018a「公正さ」とは何か：アメリカのアファーマティブ・アクションをめぐる論争」ヤフーニュース，8月4日（https://news.yahoo.co.jp/byline/maeshimakazuhiro/20180804-00091960/）.

―― 2018b「専門職の外国人労働者ビザ『H1b』厳格化から見る『閉ざすアメリカ』」ヤフーニュース，11月12日（https://news.yahoo.co.jp/byline/maeshimakazuhiro/20181112-00103825/）.

―― 2020「『保守永続革命』を狙うトランプ大統領の思惑が外れた4つの判決：最高裁判事人事が再び選挙戦の争点に」ヤフーニュース，7月16日（https://news.yahoo.co.jp/byline/ maeshimakazuhiro/ 20200716-00188293）.

―― 2021「アメリカ最高裁「超保守化」は何を意味するのか」ヤフーニュース，7月16日（https:// news.yahoo.co.jp/byline/maeshimakazuhiro/20210716-00247210）.

エピローグ

　メキシコと米国の国境は 3,100 キロメートルもある。しかもリオ・グランデ川を除き陸続きであるから，越境はそれほど困難ではない。それに比べ，ヨーロッパ人が大西洋を航行して海路，米国に辿りつくには様々な制約があった。米墨戦争以降，メキシコ人は自国より賃金の高い米国へ合法的にあるいは非合法的に入国してきた。その人の流れは多少鈍化したとはいえ，現在も続いている。近年，両国は移民をめぐる非合法性，差別，暴力，人権，社会保障等の問題に対処してきたが，いまだ双方が満足する形では問題は解決していない。トランプ政権下では国境の壁建設や越境者の厳格な取締りなど強硬策の実施で，米墨間の外交関係は悪化した。だが最近の MexAmerica 内の HTAs や移民送り出し地区の動向を調査していると，悲観的思案よりむしろ楽観的思考が許されるのではないかという考えが過る。

　筆者は主に移民からの送金を基に村興しを行うマッチング・ファンド「3x1 プログラム」について調査・分析を行い，その過程で文献調査と同時並行的に何人ものメキシコ系移民関係者にお会いしてインタビューを実施した。その中で印象的な人物 2 人を紹介したい。まずメキシコのオアハカ州のサン・ミゲルの村長オスカル・ラミレス氏である。彼は，太古よりオアハカ州の山岳地帯を生活圏とする先住民ミステカ族の子孫である。オアハカ州はメキシコで最も多様な先住民が居住する地域で，

周縁率が高く，各村のインフラ整備は相当遅れている。しかしサン・ミゲル村は例外で，「3x1プログラム」に長年参加し，道路舗装，上下水道の設置，村民広場の建設，公園の緑地化，学校のサッカー場建設等の事業で確実に成果を上げている。ラミレス村長は，プログラムの基金を送金してくれる米国のHTAsとの連絡，州政府の役人や議員との打ち合わせ，提出書類の作成をエネルギッシュにこなしている。その合間に，日本から突然やって来た研究者に公用車で山岳部に広がる村を案内してくれる便宜を図ってくれた。僻地にある村を何とか発展させ，村民の生活向上に邁進している現状を日本でも知ってほしいという思いからである。そのように奮闘する村長を全面的に支えるのが米国に移住経験のある執行委員のメンバーたちである。彼らは先住民族の慣習とはいえ，公用を無給で果たしている。

　2人目は本書でも取り上げたHTA「南カリフォルニアのサカテカス州出身者連合」（FCZSC）のリーダーの1人，エフライン・ヒメネス氏である。組織と財政基盤が確立されたFCZSCは積極的に米国政府にメキシコ系米国人の権利・地位向上の陳情を行い，当局が受け入れない場合は街頭での抗議活動も辞さない。また，メキシコの州政府に対しては故郷の市町村のインフラ整備と雇用創設等の経済支援を展開するばかりか，州政府の民主化や腐敗の撲滅等の政治的是正にも積極的に関与している。つまり北で経済的政治的に自信を得た移民たちが，北から南の同胞たちの自立を促しているのである。ヒメネス氏は毎月ロサンゼルスとサカテカス州を往復し，州政府の役人や地元民と地域社会の安定と発展のための折衝と懇談を行っている。最近は「3x1プログラム」を活用してアガベ（テキーラの原料）の栽培とテキーラの販売に力を入れている。「どうして故郷にこだわるのか」と尋ねると，「村人の喜ぶ姿をみると，嬉しいんだ。慈善行為をしているんじゃなく，ぼくの生きがいさ。故郷の村が発展す

れば，わざわざ危険な思いをして米国に行く必要はないだろう」と答え
てくれた。

　移民の研究は常に現在進行形である。本書は 2021 年前半までの米・
墨間の移民イシューを取り扱っているが，現在のバイデン政権とロペ
ス・オブラドール政権がどのような移民政策を示し，実行していくの
か，正確には予想できない。しかし，ラミレス氏やヒメネス氏のよう
な深い郷土愛を抱くリーダーが存在する限り，トランスナショナルな
MexAmerica という移民コミュニティは今後も様々な困難に直面しよう
とも，乗り切れると密かに信じている。

　最後に，本書の出版を助成された早稲田大学地域・地域間研究機構
（ORIS）に改めて深謝申し上げる。

2021 年 12 月　　　　　　科研研究代表者・共編者として　山﨑眞次

事項索引

人名索引

執筆者紹介 (執筆順)

吉野　孝 (よしの　たかし)　　プロローグ, 第2章
奥付参照

山﨑眞次 (やまさき　しんじ)　　第1章, 第3章, エピローグ
奥付参照

中野　諭 (なかの　さとし)　　第4章
1975年生まれ。2005年慶應義塾大学大学院商学研究科後期博士課程単位取得退学。博士 (商学)。慶應義塾大学グローバルセキュリティ研究所特別研究助教, 労働政策研究・研修機構副主任研究員などを経て, 2020年より日本福祉大学経済学部教授。専門は, 応用計量経済学。主な研究テーマは, 技術・イノベーション, 環境・エネルギー, 消費者のライフスタイルの経済分析。
主要著書 : "Productivity propagation with networks transformation," *Journal of Macroeconomics*, Vol.67 (共著, 2021年), "Will smart cities enhance the social capital of residents? The importance of smart neighborhood management," *Cities*, Vol.115 (共著, 2021年) などがある。

鷲津明由 (わしづ　あゆ)　　第4章
慶応義塾大学経済学部卒業。慶応義塾大学大学院経済学研究科博士後期課程単位取得。2005年博士 (商学), 慶應義塾大学。1990年より東海大学教養学部助手, 専任講師, 1996年より早稲田大学社会科学部専任講師, 助教授を経て, 現在, 教授。早稲田大学 先端社会科学研究所長, スマート社会技術融合研究機構次世代科学技術経済分析研究所長。専門は, 計量経済学・産業連関分析。
主要著書 : 『カーボンプライシングのフロンティア』(共編者, 日本評論社, 2022年), An Assessment of Carbon Taxation by Input-Output Analysis: Upstream or Downstream? In: Arimura T.H., Matsumoto S. (eds) *Carbon Pricing in Japan,* Springer, 2021 (共著), 『環境の産業連関分析』(共著, 日本評論社, 2003年) などがある。

高橋百合子（たかはし　ゆりこ）　第5章

早稲田大学政治経済学部，東京大学教養学部卒業。東京大学大学院総合文化研究科国際社会科学専攻修士課程修了。同大学院博士課程中退。米国コーネル大学大学院博士課程修了（Ph.D.）。専門は，比較政治学，政治経済学，ラテンアメリカ政治。神戸大学大学院国際協力研究科准教授を経て，2016年より早稲田大学政治経済学術院准教授。2021年9月より2023年8月まで，カリフォルニア大学サンディエゴ校米墨研究センター客員研究員。
主要著書：“Buying Votes across Borders? A List Experiment on Mexican Immigrants in the US,” *Canadian Journal of Political Science*（共著，近刊），“Análisis dimensional de la calidad de la democracia en América Latina y Asia.” *Democracia latinoamericana ¿Hacia dónde vamos?* edited by José Luis Estrada（執筆分担，Editora Thoth, 2021年），『アカウンタビリティ改革の政治学』（編者，有斐閣, 2015年）などがある。

渡辺　暁（わたなべ　あきら）　第6章

1972年生まれ。1996年東京大学教養学部卒業。2004年東京大学大学院総合文化研究科博士後期課程修了。東京大学教務補佐員，イェール大学 Program in Agrarian Studies プログラムアシスタント，日本学術振興会特別研究員（PD），首都圏の複数の大学での非常勤講師を経て，2012年から2020年まで山梨大学准教授。現在，東京工業大学リベラルアーツ研究教育院准教授。専門は，メキシコ現代政治，移民研究，スペイン語教育（https://researchmap.jp/akira_watanabe/ を参照）。1999-2001チェス日本チャンピオン。

前嶋和弘（まえしま　かずひろ）　第7章

1965年生まれ。上智大学外国語学部英語学科卒，ジョージタウン大学大学院政治学部修士課程修了（MA），メリーランド大学大学院政治学部博士課程修了（Ph.D.）。現在，上智大学教授，総合グローバル学部長。上智大学評議員。アメリカ学会会長。専門は現代アメリカ政治外交。
主要著書：『アメリカ政治とメディア』（北樹出版, 2011年），『危機のアメリカ「選挙デモクラシー」：社会経済変化からトランプ現象へ』（共編著，東信堂, 2020年），『現代アメリカ政治とメディア』（共編著，東洋経済新報社, 2019年），*Internet Election Campaigns in the United States, Japan, South Korea, and Taiwan* (co-edited, Palgrave, 2017) などがある。

編著者

吉野　孝（よしの　たかし）

1954年生まれ。早稲田大学政治経済学部卒業。早稲田大学大学院政治学研究科博士後期課程修了。早稲田大学政治経済学部助手，専任講師，助教授を経て，1995年より教授。1991年から1993年までジョンズ・ホプキンズ大学高等国際問題研究大学院 (SAIS) 客員研究員。現在，早稲田大学地域・地域間研究機構長。専門は，英米政治学，政党論，アメリカ政治。

主要著書：『現代の政党と選挙 新版』（共著，有斐閣，2011年），『危機のアメリカ「選挙デモクラシー」：社会経済変化からトランプ現象へ』（共編著，東信堂，2020年），「米国内での分断と和解／トランプ政権後の共和党：分極化政策の動向」『ワセダアジアレビュー』No.24（明石書店，2022年）などがある。

山﨑眞次（やまさき　しんじ）

1948年生まれ。早稲田大学法学部卒業，メキシコ国立自治大学修士課程修了，同大学院博士課程退学，1987～1990年神田外語大学スペイン語学科専任講師，1991年早稲田大学政治経済学部専任講師，助教授を経て1998年教授。早稲田大学名誉教授，政治学博士（早稲田大学）。専門分野：ラテンアメリカ地域研究，特にメキシコの先住民研究，米墨の移民研究。

主要著書・翻訳書：「古代のメキシコ人」（翻訳書，早大出版部，1985年），「インディオの挽歌」（翻訳書，成文堂，1994年），「話せるスペイン語」（NHK出版，1998年），「スペイン語個人レッスン」（白水社，1999年），「メキシコ民族の誇りと闘い」（新評論，2004年），「ラテンアメリカ世界のことばと文化」（編著書，成文堂，2009年），「メキシコ先住民の反乱」（成文堂，2015年）。「メキシコ政府の新移民政策―想像の共同体構想」（早稲田大学教養諸学研究, 2016年）などがある。

北米移民メキシコ人のコミュニティ形成

2022年　9月30日　初 版　第1刷発行　　　　　　　　　〔検印省略〕
定価はカバーに表示してあります。

編著者©吉野 孝・山﨑 眞次／発行者 下田 勝司　　　印刷・製本／中央精版印刷

東京都文京区向丘 1-20-6　　郵便振替 00110-6-37828　　株式会社 東信堂

〒 113-0023　TEL (03) 3818-5521　FAX (03) 3818-5514

Published by TOSHINDO PUBLISHING CO., LTD.

1-20-6, Mukougaoka, Bunkyo-ku, Tokyo, 113-0023, Japan

E-mail : tk203444@fsinet.or.jp　http://www.toshindo-pub.com

ISBN 978-4-7989-1782-5 C3031　　　　©Yoshino Takashi, Yamazaki Shinji

東信堂

- アメリカにおける多文化的歴史カリキュラム — 桐谷 正信 — 三六〇〇円
- 開発援助の介入論 —インドの河川浄化政策に見る国境と文化を越える困難 — 西谷 内博美 — 四六〇〇円
- 資源問題の正義 —コンゴの紛争資源問題と消費者の責任 — 華井 和代 — 三九〇〇円
- 主要国の環境とエネルギーをめぐる比較政治 —持続可能社会への選択 — 太田 宏 — 四六〇〇円
- 国連行政とアカウンタビリティーの概念 —国連再生への道標 — 蓮生 郁代 — 三二〇〇円
- 聖書と科学のカルチャー・ウォー —概説 アメリカの「創造vs生物進化」論争 — E・C・スコット著 鵜浦裕・井上徹訳 — 二〇〇〇円
- 現代アメリカのガン・ポリティクス — 鵜浦 裕 — 二〇〇〇円
- 暴走するアメリカ大学スポーツの経済学 — 宮田 由紀夫 — 二六〇〇円
- ホワイトハウスの広報戦略 —大統領のメッセージを国民に伝えるために — M・J・クマー 吉牟田 剛訳 — 二八〇〇円
- アメリカの介入政策と米州秩序 —複雑システムとしての国際政治 — 草野 大希 — 五四〇〇円
- 国際開発協力の政治過程 —国際規範の制度化とアメリカ対外援助政策の変容 — 小川 裕子 — 四〇〇〇円
- 現代アメリカ貧困地域における市民性教育改革 —教室・学校・地域の連関の創造 — 古田 雄一 — 四二〇〇円
- 「帝国」の国際政治学 —冷戦後の国際システムとアメリカ — 山本 吉宣 — 四七〇〇円
- 2008年アメリカ大統領選挙 —オバマの勝利は何を意味するのか — 吉野 孝編著 — 二〇〇〇円
- オバマ政権はアメリカをどのように変えたのか —支持連合・政策成果・中間選挙 — 吉野 孝・前嶋和弘編著 — 二六〇〇円
- オバマ政権と過渡期のアメリカ社会 — 吉野 孝・前嶋和弘編著 — 二四〇〇円
- オバマ後のアメリカ政治 —選挙、政党、制度、メディア、対外援助 — 吉野 孝・前嶋和弘編著 — 二五〇〇円
- 二〇一二年大統領選挙と分断された政治の行方 — 吉野 孝・前嶋和弘編著 — 二七〇〇円
- 危機のアメリカ「選挙デモクラシー」 —社会経済変化からトランプ現象へ — 吉野 孝・前嶋和弘編著 — 二七〇〇円
- 北米移民メキシコ人のコミュニティ形成 — 山﨑眞次編著 — 二三〇〇円

〒113-0023　東京都文京区向丘 1-20-6　　TEL 03-3818-5521　FAX03-3818-5514
Email tk203444@fsinet.or.jp　URL:http://www.toshindo-pub.com/

※定価：表示価格（本体）＋税

東信堂

東信堂

グローカル化する社会と意識のイノベーション ——国際社会学と歴史社会学の思想的交差	西原和久	二六〇〇円

〔現代社会学叢書〕

開発と地域変動——開発と内発的発展の相克	北島滋	三二〇〇円
在日華僑のアイデンティティの変容 ——華僑の多元的共生	過放	四四〇〇円
健康保険と医師会 ——社会保険創始期における医師と医療	北原龍二	三八〇〇円
事例分析への挑戦	水野節夫	四六〇〇円
海外帰国子女のアイデンティティ ——生活経験と通文化的人間形成	南保輔	三八〇〇円
現代大都市社会論——分極化する都市? ——神戸市真野住民のまちづくり	園部雅久	三八〇〇円
インナーシティのコミュニティ形成	今野裕昭	五四〇〇円
ブラジル日系新宗教の展開 ——異文化布教の課題と実践	渡辺雅子	七八〇〇円
イスラエルの政治文化とシチズンシップ	奥山眞知	三八〇〇円
正統性の喪失 ——アメリカの街頭犯罪と社会制度の衰退	G・ラフリー／宝月誠監訳	三六〇〇円
海外直接投資の誘致政策	邊牟木廣海	一八〇〇円
現代行政学とガバナンス研究 ——インディアナ州の地域経済開発	堀雅晴	二八〇〇円
揺らぐ国際システムの中の日本	柳田辰雄編著	二〇〇〇円
貨幣ゲームの政治経済学	柳田辰雄	二〇〇〇円
相対覇権国家システム安定化論 ——東アジア統合の行方	柳田辰雄	二四〇〇円
国際政治経済システム学	柳田辰雄	一八〇〇円
移動の時代を生きる ——共生への俯瞰	大西仁／吉原直樹	三〇〇〇円
現代ドイツ政治・社会学習論 ——「事実教授」の展開過程の分析	大友秀明	五二〇〇円

〒113-0023　東京都文京区向丘1-20-6　　TEL 03-3818-5521　FAX03-3818-5514
Email tk203444@fsinet.or.jp　URL:http://www.toshindo-pub.com/
※定価：表示価格（本体）＋税

東信堂

〒113-0023　東京都文京区向丘1-20-6　　TEL 03-3818-5521　FAX03-3818-5514
Email tk203444@fsinet.or.jp　URL:http://www.toshindo-pub.com/

※定価：表示価格（本体）＋税

東信堂

福島原発事故と避難自治体
—原発避難12市町村長が語る復興の過去と未来
編集代表者 川﨑興太 七八〇〇円

原発事故避難者はどう生きてきたか
—被傷性の人類学
竹沢尚一郎 二八〇〇円

原発災害と地元コミュニティ
—福島県川内村奮闘記
鳥越皓之編著 三六〇〇円

原発避難と再生への模索
—「自分ごと」として考える
吉野英岐編著 三二〇〇円

故郷喪失と再生への時間
—新潟県への原発避難と支援の社会学
松井克浩 三二〇〇円

被災と避難の社会学
松井克浩 三二〇〇円

放射能汚染はなぜくりかえされるのか—地域の経験をつなぐ
関礼子編著 二三〇〇円

初動期大規模災害復興の実証的研究
藤川賢・除本理史編著 二〇〇〇円

震災・避難所生活と地域防災力
—北茨城市大津町の記録
小林秀行 一〇〇〇円

地域自治の比較社会学—日本とドイツ
松村直道編著 五六〇〇円

日本コミュニティ政策の検証
—自治体内分権と地域自治へ向けて
山崎仁朗編著 四六〇〇円

自治体行政と地域コミュニティの関係性の変容と再構築
—「平成大合併」は地域に何をもたらしたか
山崎仁朗 五四〇〇円

さまよえる大都市・大阪
—「都心回帰」とコミュニティ
役重眞喜子 四二〇〇円

社会制御過程の社会学
鰺坂学・徳田剛・西村雄郎・丸山真央編著 三八〇〇円

組織の存立構造論と両義性論
—社会学理論の重層的探究
舩橋晴俊 九六〇〇円

新版 新潟水俣病問題—加害と被害の社会学
舩橋晴俊 二五〇〇円

「むつ小川原開発・核燃料サイクル施設問題」研究資料集
舩橋晴俊 一八〇〇円

環境問題の社会学—環境制御システムの理論と応用
金山行孝・茅野恒秀編著 三八〇〇円

公害・環境問題の放置構造と解決過程
湯浅陽一編 三六〇〇円

公害被害放置の社会学
—イタイイタイ病・カドミウム問題の歴史と現在
藤川賢・渡辺伸一・堀畑まなみ編著 三八〇〇円

三六〇〇円

※定価：表示価格（本体）＋税

〒113-0023 東京都文京区向丘1-20-6 TEL 03-3818-5521 FAX03-3818-5514
Email tk203444@fsinet.or.jp URL:http://www.toshindo-pub.com/

※定価：表示価格（本体）＋税　　〒 113-0023　東京都文京区向丘 1-20-6　TEL 03-3818-5521　FAX03-3818-5514
Email tk203444@fsinet.or.jp　URL:http://www.toshindo-pub.com/